GUIDE DE SURVIE POUR ADOLESCENTES

101 Conseils essentiels que les filles doivent suivre pour surmonter les obstacles, atteindre leurs objectifs et s'épanouir dans la vie

Index

PARTIE 3: L'ÉCOLE

PARTIE 4: RELATIONS

INTRODUCTION

Si tu tiens ce livre entre tes mains, cela signifie que tu es une fille qui veut apprendre et s'améliorer. La première chose à dire est donc : félicitations !

C'est le début d'une des plus belles périodes de ta vie, pleine de responsabilités, mais aussi de plaisir, et tu as déjà bien commencé. Bien sûr, il ne s'agira pas seulement de jouer et de s'amuser. Il y aura des jours où tu auras du mal à voir les fleurs. C'est normal, ce sont des années de changement et de défis, mais le fait que tu sois déjà partie du bon pied t'aidera certainement.

Mais le plus important, c'est que tout, mais vraiment tout, dépend de toi. C'est à toi de décider quelle direction ta vie va prendre et quel genre de personne tu veux devenir. Et il n'est jamais trop tôt (ni trop tard d'ailleurs) pour prendre les rênes en main et se mettre sur la bonne voie.

Et c'est précisément le but de ce livre.

Grâce à cet outil pratique, tu as un point de repère en main pour naviguer en toute sécurité dans les eaux de la vie. Grâce aux conseils pratiques contenus dans ces pages, tu apprendras à te connaître réellement et à connaître le monde qui t'entoure, et tu apprendras à te comporter correctement avec toi-même et les autres, en grandissant et en t'améliorant chaque jour jusqu'à atteindre l'avenir que tu souhaites.

Pour faciliter la lecture, ce livre est divisé en quatre parties : ton esprit, ton corps, l'école et tes relations, avec une section additionnelle qui contient des conseils supplémentaires. Chaque partie est consacrée à un aspect particulier de ta vie, allant de l'intérieur à l'extérieur, en passant par tes relations avec les autres, proches ou lointains.

Dans chacune de ces parties, tu trouveras de nombreux chapitres qui te guideront à travers tes défis quotidiens. Tu découvriras de nombreuses petites astuces et secrets qui faciliteront cette période turbulente pour toi, mais aussi amusante, et tu apprendras à connaître ton entourage et à t'ouvrir à de nombreuses nouvelles personnes. N'oublie pas de partager tout ce que tu trouves intéressant avec tes amis !

En bref, sans perdre une minute de plus, voici le livre que tu attendais. Nous espérons qu'il t'aidera à mieux te comprendre et à mieux comprendre la vie. Lis-le du début jusqu'à la fin, prends des notes et n'oublie rien.

Bonne lecture !

PARTIE 1:
TON ESPRIT

Chapitre 1:
Tu changes, et alors ?

Dans ce chapitre, tu apprendras à t'adapter aux changements, car ils font inévitablement partie de la vie.

Tu l'as certainement déjà remarqué : l'adolescence est l'âge du changement par excellence. Tout le monde change, toi aussi, et tu dois soudain apprendre à gérer ce processus que tu pouvais tranquillement ignorer il y a encore quelques années.

Bien sûr, la première réaction lorsque l'on est confronté à quelque chose d'inconnu est la peur : il est normal de se sentir nerveuse et non préparée parce que l'on ne sait pas dans quoi on s'engage. Mais si tu te laisses dominer par la peur, tu ne te sentiras finalement que déçue, stressée et malheureuse.

La première façon d'éviter ce scénario possible est de reconnaître simplement que le changement fait partie de la vie et qu'il faut donc l'accueillir à bras ouverts. Une fois que tu auras reconnu cette simple vérité, il te sera facile d'apprendre à suivre le changement, où qu'il te mène.

Que peux-tu faire ? Continue ta lecture pour le savoir.

1 - Le changement est inévitable ...

Le changement est inévitable. Aussitôt tu accepteras ce fait, mieux ce sera. Essayer de créer une vie qui soit toujours la même est totalement impossible, et s'y efforcer ne mène qu'au malheur, aux regrets et à la douleur. Il ne reste donc rien d'autre à faire que d'accepter l'inacceptable : tout change.

Bien sûr, tu ne seras pas en mesure de prévoir tout type de changement. Cependant, tu peux apprendre à prendre conscience que des changements vont se produire, que tu les aies imaginés ou non. De cette manière, tu éviteras d'être prise au dépourvu lorsque ce moment se présentera. Cela signifie également que tu ne perdras pas de temps à chercher quelque chose que tu sais déjà est totalement impossible d'avoir.

2 - ... et cela se passe en ce moment même

Pour prouver que le changement est inévitable, tu dois savoir ce qu'il se produit aussi en ce moment même, alors que tu lis ce livre. En ce moment même, ton existence est déjà en train de changer. Réfléchis à cela : l'être humain perd environ 600.000 fragments de peau chaque heure (pas moins de sept kilos de peau par an !). Et ce n'est pas tout. Même les cellules des parois intestinales sont entièrement remplacées par de nouvelles «collègues» tous les trois ou quatre jours. Même la salive change constamment, car notre corps produit constamment de la nouvelle salive alors que nous utilisons la salive précédemment formée.

En bref, il s'agit d'une preuve supplémentaire à ce que nous avons dit : le changement est inévitable, à commencer par notre biologie en elle-même. Il est littéralement inscrit dans notre corps. C'est précisément pour cette raison qu'il est totalement impossible de l'éviter, tout comme il serait impossible de conserver ses cellules mortes ou d'empêcher la formation d'une nouvelle salive.

Il ne reste plus qu'à l'accepter.

3 - La puberté peut être effrayante

Le plus grand changement qui se produit au cours de ces années est la puberté. Ton corps et ton esprit commencent à changer encore plus vite qu'ils ne le faisaient déjà.

La puberté est le processus par lequel chaque personne passe lorsque son corps se prépare à devenir physiquement mature. Différentes substances, appelées hormones, sont alors libérées et servent à faire de toi une adulte.

Typiquement, cette période dure de 8 à 13 ans chez les filles, mais elle a aussi des répercussions plus tard, même si nous n'en sommes pas souvent conscients. En tout cas, chaque personne est différente. Alors que certaines filles constatent des changements très tôt, d'autres ne le font que bien plus tard, et c'est tout à fait normal.

La première réaction au début de la puberté peut être la peur : tous ces changements peuvent sembler effrayants si tu n'y es pas préparée. Il est cependant important de savoir qu'il s'agit d'un processus tout à fait normal et que ton corps sait exactement ce qu'il fait à tout moment.

4 - Ton corps change

Les premiers changements seront d'ordre physique. Tout d'abord, tes mains et tes pieds vont devenir plus grands. Tu te sentiras probablement un peu mal à l'aise, car tu n'es pas habituée à gérer un corps avec de telles proportions. N'oublie pas que la plupart des filles atteignent leur taille maximale deux ans seulement après le début de la puberté. Il te faudra donc un certain temps pour t'habituer à ton nouveau corps.

En outre, tu dois accepter un autre fait : ton corps ne fait pas que grandir, il change réellement.

5 - Devenir une femme

C'est vrai : tu constateras que tu as beaucoup plus de courbes qu'avant, surtout au niveau de la poitrine et des hanches.

C'est une expérience désagréable pour beaucoup de filles, qui se sentent mal à l'aise, et même stressées. C'est tout à fait compréhensible : il s'agit tout de même d'un changement important et tout le monde n'est pas à l'aise avec cela. La taille et la couleur des seins vont changer et il se peut que des poils poussent : tout cela est normal. Très souvent, la forme et la taille des seins dépendent en grande partie des gènes, de sorte que tu ressembles peut-être à d'autres femmes de ta famille.

À ce stade, tu ressentiras peut-être le besoin de porter un soutien-gorge. De nombreuses filles se sentent plus à l'aise avec un soutien-gorge de sport et passent ensuite à quelque chose de plus traditionnel, tandis que d'autres n'ont pas besoin de ces étapes intermédiaires. Chacune de ces solutions est bonne : c'est à toi de décider ce qui te convient le mieux. L'important, c'est que tu te sentes bien dedans.

Un autre changement qui peut être gênant est la croissance des poils. Tu les remarqueras à des endroits auxquels tu ne t'attendais pas, comme sous les aisselles, sur les jambes et dans la zone pubienne. Même si cela te semble étrange, il s'agit d'un processus tout à fait naturel. Certaines filles optent pour différentes méthodes d'épilation, mais c'est à toi de décider si c'est ce qui te convient ou non.

Enfin, tu dois t'occuper d'un phénomène qui concerne presque toutes les femmes : le cycle menstruel. Nous en parlerons plus en détail dans un chapitre ultérieur.

Indépendamment des décisions que tu prendras à ce stade, il est, en tout cas, important de comprendre que toutes les femmes sont passées par cette phase, tout comme toi tu la traverses. Il n'y a pas de quoi avoir honte, ni de tabou : tu deviens simplement une femme, et donc ce que tu vis est normal et juste.

6 - Ton opinion change aussi

Pendant la puberté, les changements ne sont pas seulement physiques, mais aussi mentaux et surtout émotionnels. Bien que nous soyons tous différents et que nous réagissions différemment à la puberté, presque toutes les filles passent par une phase de changements émotionnels considérables, qui peuvent être très différents d'une personne à l'autre. Cela est principalement dû aux substances dont nous avons parlé plus tôt, les hormones, qui ont également ce pouvoir.

Mais il y a une autre raison intéressante qui dépend de la structure de ton cerveau : elle aussi change. Certaines connexions entre les neurones se renforcent, tandis que d'autres s'affaiblissent. Cela signifie que tu peux acquérir plus facilement de nouvelles compétences, alors que d'autres te semblent moins intéressantes. Par exemple, si ta passion pour les animaux te poussait auparavant à devenir vétérinaire, ta nouvelle passion pour l'espace pourrait soudainement te faire rêver d'être astronaute.

Ces changements dans notre cerveau se produisent tout au long de la vie, mais sont certainement beaucoup plus importants pendant la puberté. Leur principal effet est de provoquer de grandes variations d'humeur, même au cours d'une même journée. Ainsi, il peut arriver que tu te sentes plus sûre de toi, mais aussi moins sûre de toi. Que tu veuilles soudain prendre beaucoup plus de responsabilités et devenir plus indépendant, ou que tu veuilles passer plus de temps à la maison et rester seule.

Il se peut que tes sauts d'humeur soient pratiquement invisibles et que tu ne les remarques que lorsqu'ils sont passés. Chaque personne a ses propres préférences, alors prends le temps de réfléchir à ce que tu aimes faire, à qui tu es et à qui tu veux devenir.

7 - C'est normal d'avoir peur

Tu comprends maintenant qu'il n'y a aucune raison d'avoir peur du changement, n'est-ce pas ? En effet, comme nous venons de le voir, il s'agit d'un processus naturel qu'il suffit d'accepter et d'accueillir, et qui peut même être positif dans de nombreux cas.

Mais c'est plus facile à dire qu'à faire. Il reste toujours la peur, l'impossibilité d'accepter la nouveauté qui n'existait pas encore quelques jours auparavant.

Bien sûr, ce n'est pas de ta faute. C'est normal d'avoir peur de l'inconnu, et c'est très bien ainsi. Il n'y a aucune raison de se décourager parce que l'on ressent un peu de peur. Il serait plus étrange de ne pas la ressentir du tout. Après tout, nous aimons tous ce qui nous est familier et commun. C'est plus confortable ainsi, et le confort est quelque chose que nous recherchons constamment. En revanche, les changements nous obligent à nous mettre dans un état d'inconfort et nous font donc peur.

Prends-en acte, c'est tout. Si le changement est inévitable, la peur de la nouveauté l'est aussi. Mais heureusement, il n'y a pas de mal à avoir peur. On peut l'avoir et l'accepter, tout en essayant de toutes ses forces de ne pas la laisser nous abattre.

8 - Apprends à te connaître et continue

Quel est le secret pour ne pas se laisser dominer par la peur ? En se connaissant soi-même. Que tu le veuilles ou non, il est clair que tu vas changer. Tu peux donc tout aussi bien vivre ce changement. La solution consiste à apprendre à te connaître, à savoir qui tu es.

C'est certainement l'une des parties les plus difficiles de l'adolescence. Il semble que nous ne le comprenions jamais vraiment, car à chaque fois que nous nous approchons d'une réponse, elle semble avoir changé.

Mais c'est bien de cela qu'il s'agit : ce que nous sommes change constamment pour s'adapter au temps qui passe. Ton corps, ton esprit, tes sentiments, ta perception de toi-même changent constamment, et c'est très bien. Permets-toi de toujours évoluer, de toujours grandir. Apprends à te connaître chaque jour : tu ne t'arrêteras jamais. Essaie toujours de découvrir quelque chose de nouveau en toi et poursuis la version de toi que tu veux devenir.

EN BREF

Il est facile d'être submergé par le sentiment que le changement est quelque chose de négatif auquel il faut résister à tout prix. C'est pourtant une partie inévitable de la vie. Même en ce moment, tu es constamment en train de changer.

Prends donc conscience que ton environnement et toi sont en constante évolution. Prépare-toi à tout ce qui va se passer à l'adolescence, car ce n'est qu'en sachant à l'avance ce qui va t'arriver que tu pourras t'y préparer sans crainte.

N'oublie pas de garder l'esprit ouvert et d'accepter cette période comme une transition simple et naturelle : utilise-la comme une occasion d'apprendre à mieux te connaître et à comprendre qui tu veux être.

Chapitre 2.
Pourquoi n'es-tu pas comme les autres ?

Dans ce chapitre, tu apprendras que, même si tu te sens bizarre, tout le monde est dans la même situation, et que toi aussi, tu es normale.

Comme nous l'avons dit dans le chapitre précédent, l'une des parties les plus difficiles de l'adolescence consiste en effet à apprendre à se comprendre soi-même. Il faut du temps et de l'expérience pour saisir tous les aspects de sa personnalité, et il n'y aura jamais de moment où l'on sera pleinement conscient de qui l'on est. Se connaître soi-même est cependant un objectif important à poursuivre dans la vie, car c'est ainsi que l'on peut apprendre à se respecter et à vivre la vie que l'on veut vraiment.

Une partie importante de la connaissance de soi consiste à accepter qui tu es et à reconnaître que tu es, toi aussi, normale. En grandissant, il est légitime de se demander si l'on est normal, si les autres ressentent la même chose que nous, et il est tout aussi normal de se sentir seul face à ses expériences.

Il est donc important de comprendre que ce que tu vis actuellement ne provient pas seulement de tes propres difficultés. Nous traversons tous, d'une manière ou d'une autre, les mêmes étapes de la vie, marquées par les mêmes difficultés. Et en effet, grandir signifie aussi se sentir constamment différent des autres. Plus vite tu réaliseras que ce n'est pas le cas, mieux tu pourras vivre ta vie en paix.

C'est pourquoi les points suivants t'aideront à comprendre à quel point tu es normale, afin que tu puisses vivre le mieux possible en sachant cela.

9 - Nous sommes tous dans le même bateau

La première leçon que nous devons apprendre est la suivante : nous sommes tous dans le même bateau.

Nous nous demandons tous constamment si nous sommes normaux ou non. Le simple fait que tu te poses cette question montre que tu es dans les normes. Tout le monde, en tout temps et en tout lieu, a toujours ressenti la pression de ressembler à ses pairs et d'être une personne «normale» à tout prix. Cela s'applique à tout le monde, de la camarade de classe particulièrement populaire à la femme à succès que tu admires et à laquelle tu aimerais ressembler.

Il te suffit alors de prendre conscience que tout le monde, mais vraiment tout le monde, est exactement comme toi. À partir de ce moment, tu peux commencer à voir les gens tels qu'ils sont vraiment, y compris toi-même. Il n'y a aucune raison de mettre quelqu'un sur un piédestal ou d'attendre trop de soi-même.

Nous sommes tous dans le même bateau, et cela signifie que nous avons tous des doutes et des craintes.

10 - 'Normal' n'est qu'un mot

Que signifie «normal» ?

Nous cherchons tous à utiliser ce mot pour nous définir, alors qu'en fait, il n'a pas vraiment de définition. Notre idée de la «normalité» change constamment en fonction de notre âge, du groupe d'amis avec lequel nous sommes actuellement, de la situation dans laquelle nous nous trouvons.

C'est précisément pour cette raison qu'il n'y a pas qu'une seule façon d'être normale, mais de nombreuses normalités différentes.

Réfléchis-y un instant : combien de fois, tes amis et toi, avez-vous imaginé une blague qui avait du sens pour vous, mais que personne d'autre ne pouvait comprendre ? Ce qui est normal pour toi peut ne pas l'être pour tes parents ou pour une personne à l'autre bout du monde.

Reconnaître qu'il n'existe pas de normalité absolue peut t'aider à t'accepter et à accepter les gens qui t'entourent. Et si quelque chose, aussi «normal» que cela puisse paraître, ne te semble pas correct, c'est probablement qu'il ne l'est pas pour toi, et ce n'est pas ton état normal. N'oublie jamais que ce concept peut changer, et donc, que ce qui est juste pour toi à un moment donné change aussi.

Et ce n'est pas tout : si tu rencontres quelqu'un qui te semble étrange et moins «normal», il est fort probable qu'il pense exactement la même chose de toi. La bonne nouvelle, c'est que vous êtes, en fait, tous les deux, tout à fait normaux. C'est simple : chacun est normal à sa manière.

11 - Tu n'es pas seule

Mais si chacun est normal à sa manière, cela signifie-t-il que nous sommes tous seuls ?

Pas du tout. Le secret, c'est de trouver des amis avec lesquels tu peux construire une vraie relation, avec lesquels tu peux être toi-même. En bref, des amis qui sont aussi «normaux» que toi. De cette façon, non seulement l'amitié sera plus facile, mais tu pourras aussi profiter davantage de la vie.

En revanche, si l'amitié te semble forcée ou si tu dois te faire passer pour quelqu'un d'autre juste pour faire partie du groupe, cela signifie que ce ne sont pas les bons amis pour toi. Bien sûr, cela ne signifie pas que tu dois les rayer complètement de ta vie, mais simplement que tu dois trouver quelqu'un d'autre qui te convienne parfaitement.

C'est évidemment plus facile à dire qu'à faire. Surtout si votre définition de la normalité ne correspond pas à celle de la majorité, il pourrait être un peu plus difficile de trouver les amis parfaits.

Mais ne t'inquiète pas, ce n'est pas grave. Il faut juste qu'ils fassent preuve d'un peu plus de patience dans ta recherche. En attendant, essaie toujours de garder l'esprit ouvert et de rencontrer d'autres personnes sans préjugés. Ainsi, tu ne seras jamais seul.

12 - Personne ne te juge

Si tu fais une erreur ou si tu fais quelque chose de bizarre, ta première pensée sera probablement : «J'espère que personne ne m'a vu».

C'est ce que nous pensons tous lorsque nous faisons quelque chose d'embarrassant, mais en réalité, il n'y a aucune raison de s'inquiéter. Il est fort probable que personne ne t'ait remarqué, et même si c'est le cas, il est très probable qu'il ou elle comprenne parfaitement ce que tu es en train de vivre.

La vérité, c'est que la plupart des gens sont trop préoccupés par eux-mêmes pour se soucier de toi et de ton comportement.

Personne ne te juge. Sauf toi.

Alors, souhaites-tu vraiment continuer à te juger aussi durement, même si personne d'autre ne le fait ? Apprends à te pardonner. Au lieu de te préoccuper constamment de ce que pensent les autres, tu devrais te concentrer sur ce que tu penses toi-même. Après tout, il est fort probable que les autres ne pensent rien en particulier.

13 - Tu es ta cible

Et comme la plupart des gens sont trop occupés à penser à eux-mêmes pour penser à toi, c'est le moment idéal pour concentrer toute ton énergie et tout ton temps sur toi-même, sur la vie que tu aimerais vivre. Pas celle que tes parents veulent pour toi, ni celle que tes amis te poussent à faire, mais celle que tu veux vraiment.

Fais le premier pas dans la bonne direction.

Ne te laisse pas influencer par ce que les gens pensent ou ne pensent pas. La plupart des gens ne pensent pas du tout à toi, il est donc inutile de t'en préoccuper. Concentre-toi plutôt sur la construction de quelque chose de positif pour obtenir tout ce que tu veux.

EN BREF

Pour apprendre à se connaître, il est important d'essayer de comprendre ce que représente la normalité pour toi et comment cette définition évolue avec le temps et dans différentes situations. Il n'est pas nécessaire de faire trop d'efforts : tu apprends, et les autres apprennent en parallèle.
De plus, la définition de «normal» change constamment, et les gens sont de toute façon concentrés sur eux-mêmes la plupart du temps.
Alors, trouve des personnes aussi normales que toi et concentre-toi sur ta propre vie et sur ce que tu veux, même si tu te sens bizarre.

Chapitre 3: Découvrir qui tu es

Dans ce chapitre, tu apprendras que tu dois découvrir tes valeurs pour pouvoir vivre avec les conséquences de tes actes.

Les valeurs sont généralement définies comme les principes que chacun d'entre nous considère comme les meilleurs pour se comporter correctement. En bref, ce sont les idéaux qui guident nos décisions, ce que nous considérons comme important dans la vie. Comprendre ce que sont les valeurs et comment elles façonnent notre vie est fondamental pour chaque fille. Certes, les valeurs changent avec le temps, mais ce qu'elles ont provoqué, les actions qu'elles nous ont poussées à faire, ont des effets durables. Si tu ne sais pas exactement quelles sont tes valeurs, n'aie pas peur !

Maintenant, tu peux obtenir quelques conseils utiles sur la manière de les définir. De plus, il vaut mieux que tu commences maintenant. Si tu attends d'être adulte, il sera peut-être déjà trop tard. Connaître tes valeurs est essentiel pour développer un fort caractère et éviter de faire des erreurs qui pourraient avoir des conséquences terribles pour le reste de ta vie.

Cependant, il se peut que les valeurs que tu établis à présent ne soient pas définitives, et c'est tout à fait normal. Découvrir ce en quoi tu crois est un voyage de toute une vie, et tu ne devrais jamais abandonner. Continue à t'efforcer de te découvrir sous toutes tes formes et garde l'esprit ouvert pour t'adapter à toute nouvelle expérience. C'est ainsi que tu pourras créer la vie que tu souhaites.

14 - Tu es la seule à pouvoir déterminer tes valeurs

La première étape fondamentale consiste à comprendre que toi seule peux définir tes valeurs. Peu importe les valeurs de tes parents ou de tes amis : tu es la seule à pouvoir savoir ce en quoi tu crois, car tu es la seule à devoir vivre avec ces valeurs. Ce n'est qu'en suivant cette voie que tu pourras agir conformément à ta vision du monde.

Beaucoup font l'erreur de suivre aveuglément les valeurs des autres. Beaucoup d'enfants se contentent de suivre ce qu'on leur dit sans y réfléchir à deux fois, par exemple, en copiant les idéaux de leurs parents ou en imitant les décisions et les actions de leurs amis. Et parfois, cela fonctionne.

Mais dans d'autres cas, les conséquences sont loin d'être positives. En effet, lorsque nous devenons finalement adultes, il s'avère que nous n'avons pas suivi nos propres désirs auxquels nous croyions vraiment, mais ceux de quelqu'un d'autre. N'est-il pas préférable de les déterminer dès maintenant ?

Bien sûr, cela ne signifie pas que tu ne dois absolument pas suivre les enseignements de tes parents. Il est également important de suivre les conseils de ceux qui en savent plus que toi parce qu'ils ont plus d'expérience. Toutefois, tu ne devrais pas simplement accepter sans réfléchir ce qu'on te dit. Évalue ce que l'on t'enseigne, réfléchis et pose-toi des questions pour comprendre ce que cela signifie pour toi. N'adopte ensuite que les comportements qui sont en accord avec ce en quoi tu crois vraiment.

15 - Écoute les conseils ...

Comme nous venons de le dire, il est important d'écouter les conseils de tes proches, qu'il s'agisse de membres de ta famille ou d'amis. Ceux qui sont plus âgés que toi sont peut-être même plus sages et, dans tous les cas, une perspective différente est toujours utile pour comprendre quelque chose mieux que tu ne l'aurais fait seul, en particulier pour les choses dont tu n'as pas l'expérience.

Par exemple, c'est une bonne idée de demander de l'aide à tes parents si tu as des doutes éthiques. Tu peux aussi demander à un professeur ou à un ami. Mieux encore, demande à toutes les personnes que tu connais. Entendre tant d'histoires différentes, tant de perspectives différentes, pourrait être la clé pour avoir les idées claires. Même si cela peut te paraître exagéré de demander à autant de personnes, cela te permettra de te faire une idée plus large du problème et de mieux le comprendre. En conséquence, tes valeurs seront beaucoup plus complètes et informées.

En bref, même si c'est parfois gênant de demander de l'aide, n'hésite pas à le faire.

16 - ... mais n'aie pas peur de t'écouter toi-même

Même si tout ce que nous venons de dire sur les conseils est absolument vrai, tu ne devrais jamais avoir peur de suivre ta propre voie, si nécessaire. Certains conseils sont merveilleux et parfaits pour la situation dans laquelle tu te trouves, alors que d'autres conseils peuvent être mauvais ou tout simplement inutiles dans ce contexte particulier.

Si tu as l'impression qu'un conseil n'est pas utile ou n'est pas la bonne chose à faire pour toi, n'hésite pas à changer de direction. Cela ne signifie pas que la conversation a été un échec ou que la personne à qui tu as posé la question n'est pas valable. Au contraire, la conversation a probablement contribué à renforcer le lien entre toi et cette personne à qui tu t'es adressée. De plus, un conseil qui semble erroné à un moment peut s'avérer juste l'instant d'après.

Il est donc toujours utile de se faire conseiller, même si l'on choisit ensuite une autre voie, en s'écoutant soi-même, et en écoutant ce que nous dit notre instinct.

17 - Fais confiance à ton intuition

Décider s'il faut suivre ou non un conseil n'est pas toujours aussi simple. Parfois, la réponse te semble évidente, alors que dans d'autres cas, tu auras des sentiments mitigés. Malheureusement, la décision de faire quelque chose ne devient pas automatiquement plus facile au fil des années.

Alors comment savoir quand il faut suivre un conseil et quand il faut suivre sa propre voie ?

Tout simplement en faisant confiance à ton instinct.

Neuf fois sur dix, ton intuition te donnera la bonne réponse. Si tu es indécis, essaie de ne pas penser aux options, aux possibilités et aux conséquences, mais simplement à ce que tu ressens en prenant cette décision. Éteins ton esprit et dis simplement ce que tu ressens, sans réfléchir : c'est ton instinct, et tu devrais le suivre dans toutes les situations où tu es simplement trop confuse quant à ce que tu devrais faire.

Apprends aussi à réfléchir grâce à tes sentiments. Pourquoi tes instincts t'ont-ils donné exactement cette indication ? Pourquoi te sens-tu ainsi ?

Réfléchir aux motivations qui se cachent derrière tes sentiments est une arme importante pour déterminer tes valeurs et, surtout, pour prendre le bon chemin lorsqu'il s'agit de savoir ce qu'il y a de mieux à faire.

18 - Tirer les leçons de l'expérience

Il y aura certainement un moment dans ta vie, peut-être même dès demain, où tu parleras à quelqu'un qui a une vision du monde qui n'a pas de sens pour toi. Cela arrive à tout le monde tôt ou tard.

Plutôt que de s'énerver et d'essayer de changer le point de vue de ton interlocuteur, essaie plutôt de te rappeler que les valeurs dépendent toujours de l'expérience. Cela signifie que chacun d'entre nous est ce qu'il est, principalement en raison de ce qu'il a vécu, des événements qui lui sont arrivés, et des personnes qu'il a rencontrées.

En d'autres termes, il y a toujours une raison qui explique ce en quoi on croit.

Si tu gardes toujours cela en tête, il te sera plus facile de comprendre les autres, de les accepter et surtout d'essayer de toujours rester ouvert lorsque tu parles à quelqu'un qui est différent de toi, qui a d'autres valeurs et une autre vision du monde. Bien sûr, cela ne signifie pas que tu dois changer d'avis : tes valeurs sont les tiennes et dépendent de ce que tu as vécu. Cela signifie simplement que tu traites l'autre personne avec le même respect que celui que tu aimerais recevoir toi-même.

Ce lien entre valeurs et expériences est aussi particulièrement intéressant d'un autre point de vue : il peut être une aide précieuse pour identifier tes propres valeurs. Si tu parviens à identifier une valeur en laquelle tu crois, tu devrais aussi te demander pourquoi tu as choisi cette valeur : Qu'est-ce qui, dans ta vie, t'a amené à penser ce que tu penses ?

Ce type de questions peut t'aider à mieux te comprendre et à améliorer ton système de valeurs, jour après jour.

Demande-toi en même temps ce que répondrait une fille complètement différente de toi, avec des expériences de vie différentes. Serait-elle d'accord avec toi, ou non ? Ce type de réflexion peut t'aider à relativiser tes valeurs et à réaliser que, même si elles sont fondamentales pour toi, elles ne sont pas absolues et ne doivent pas s'appliquer à tout le monde.

EN BREF

Les valeurs sont un élément fondamental de la vie. Une femme sans valeurs est comme un bateau sans gouvernail : elle ne peut pas naviguer. Savoir quelles sont tes valeurs et comment tu peux changer ta vie est un élément fondamental de ta croissance et de ta connaissance de toi-même.
Cependant, il n'est pas toujours aussi simple de comprendre quelle est la bonne voie à suivre et la réponse ne se trouve pas toujours directement devant toi. Il est important de demander de l'aide aux personnes qui t'entourent, mais aussi de suivre ton instinct et de faire ce qui est juste pour toi.
N'hésite pas à écouter les autres, mais n'hésite pas non plus à t'écouter toi-même. Chaque opinion peut être juste et chacun peut apporter sa propre contribution.

Chapitre 4: La santé mentale est une affaire sérieuse

Dans ce chapitre, tu apprendras que la santé mentale est la plus importante de toutes : tu ne peux pas être heureuse si tu ne t'en occupes pas.

Lorsqu'il s'agit de se connaître soi-même, beaucoup oublient de prendre en compte la santé de notre esprit. Certes, nous essayons tous de prendre soin de notre corps (nous y reviendrons dans un instant), mais combien d'entre nous prennent également soin de leurs sentiments et de leurs émotions ?

Heureusement, ces derniers temps, beaucoup ont commencé à souligner l'importance de la santé mentale et il existe de nombreuses sources d'information consacrées précisément à ce sujet et aux problèmes auxquels tu peux être confrontée.

Et en effet, le chemin vers la découverte de la santé mentale commence dès le plus jeune âge. Si tu apprends dès maintenant toutes les techniques pour prendre soin de ton esprit et apprends à gérer le stress, quand tu seras plus âgée, tu sauras déjà comment faire et tu auras une bien meilleure qualité de vie.

19 - Se prendre au sérieux

Dans le passé, la santé mentale a été largement négligée et a toujours été considérée comme un signe de faiblesse. Pourtant, les maladies mentales, des plus légères aux plus évoluées, sont en réalité très fréquentes et ont un impact considérable sur la vie des gens.

Non seulement la qualité de vie est bien moindre parce que tu ne peux pas en profiter pleinement, mais tu peux aussi te blesser toi-même. Ce type de comportement a inévitablement un impact négatif non seulement sur toi-même, mais aussi sur ton entourage, qui te voit souffrir sans pouvoir faire quoi que ce soit pour t'aider. De plus, dans la plupart des cas, les problèmes qui affectent ta santé mentale ont également des répercussions sur ta santé physique, ou tu finis par te blesser toi-même.

Bien sûr, nous ne disons pas tout cela pour te faire peur, mais seulement pour te faire comprendre que la santé mentale est en effet une affaire sérieuse et qu'elle ne doit en aucun cas être sous-estimée. Tu devrais lui accorder autant de soin et d'attention qu'à ta santé physique, car les conséquences négatives peuvent être tout aussi graves.

20 - Apprends à te soigner pour être en bonne santé

La première étape consiste à prendre conscience que la santé mentale dépend aussi de la manière dont on se comporte au quotidien et, surtout, de la manière dont on traite son corps.

Si, par exemple, tu ne quittes jamais ta chambre, que tu ne sors jamais à l'extérieur, et que tu ne manges que de la malbouffe, ta santé mentale en souffrira aussi directement. Cela est dû au fait que tu empêches ton corps de produire les hormones (les substances dont nous avons déjà parlé) dont il a besoin pour rester en bonne santé et performant.

Inversement, la manière dont tu traites ton esprit a également un impact direct sur ton corps. Pense aux maladies les plus courantes comme les troubles alimentaires ou l'obésité : un problème qui existe dans l'esprit a un impact direct sur le corps.

Cela signifie que prendre soin de son corps et prendre soin de son esprit doivent aller de pair et sont tout aussi importants l'un que l'autre. Si tu ne fais attention qu'à l'une de ces deux composantes, tu ne prends pas vraiment soin de toi. Si tu constates que quelque chose ne va pas dans l'un des deux domaines, tu devrais te demander si tu fais tout correctement dans l'autre. Par exemple, si tu te sens particulièrement stressée, demande-toi si tu bois suffisamment d'eau ou si tu manges correctement. Souvent, la solution est plus proche que tu ne le penses peut-être. Bien sûr, cela ne signifie pas que nous pouvons guérir des maladies mentales diagnostiquées uniquement en mangeant sainement ou en faisant du sport, mais cela pourrait être un élément clé pour aller mieux et se sentir mieux.

21 - Faire taire ta voix intérieure

L'une des raisons les plus courantes pour lesquelles tu te sens mentalement défiée est la «voix intérieure», c'est-à-dire la manière dont tu te parles à toi-même, dans ta tête.

Réfléchis un peu à cela : combien de fois te dis-tu que tu n'es pas assez forte ou que tu échoues dans tout ce que tu entreprends ? Si c'est le cas, ta voix intérieure crée un problème qui peut avoir des conséquences très importantes. C'est précisément pour cette raison qu'il est essentiel que tu apprennes à contrôler ta voix intérieure et à l'empêcher de te faire chuter.

Comment peux-tu faire cela ?

Essaie de remplacer les pensées négatives par des pensées positives. Cela sera très difficile au début et tu te sentiras souvent mal à l'aise. Mais n'abandonne pas pour autant. Apprends à te parler de manière positive. Demande-toi toujours : est-ce que je dirais la même chose à une de mes amies ? Tu ne critiquerais jamais aussi durement quelqu'un que tu aimes, alors ne le fais pas non plus avec toi-même.

En bref, le but est d'avoir un ami en toi, une voix amicale qui t'incite à faire toujours mieux et à croire en toi. Cela ne signifie pas que tu te mens à toi-même ou que tu ignores tes faiblesses, mais que tu en prends note de manière constructive, sans les considérer comme des échecs.

22 - Gérer le stress

Une autre raison pour laquelle tu pourrais te sentir anxieuse est le stress.

Quel que soit ton âge, le stress fera toujours partie de ta vie, de la naissance à la vieillesse. Il fait partie intégrante de notre esprit et de notre corps et peut être à l'origine de nombreuses maladies. Il peut entraîner des maux de tête permanents et de l'anxiété, voire des problèmes cardiaques, de l'asthme et des dépressions. Comme ses effets peuvent être si graves, il vaut la peine d'apprendre à le gérer correctement dès le début.

Il existe de nombreuses façons d'essayer de maintenir ton niveau de stress. Essaie tout d'abord de ne pas hésiter et d'utiliser au mieux le temps dont tu disposes pour ne pas avoir à faire trop de choses, trop rapidement. Tu peux aussi t'entraîner avec des exercices de respiration spécifiques ou tenir un journal dans lequel tu notes tout ce qui te pèse. Enfin, pense à toujours faire du sport : l'exercice physique est très utile pour réduire le niveau de stress.

Quelle que soit la méthode que tu choisis pour lutter contre le stress, l'important est qu'elle soit saine, positive et efficace. Il existe de nombreuses façons de surmonter les moments les plus difficiles sans nécessairement recourir à des moyens malsains, comme la consommation de malbouffe. N'oublie jamais que ce genre de vice ne fait qu'empirer les choses à long terme.

23 - N'hésite pas à demander de l'aide

Malheureusement, il faut admettre que les astuces dont nous venons de parler ne fonctionnent pas toujours. Parfois, il n'y a tout simplement pas moyen de résoudre le problème seul, et même dans ce cas, il n'y a rien à redire.

Il est important de comprendre quand ces moments arrivent et de se rappeler qu'il ne faut pas avoir peur de demander de l'aide quand on en a besoin. Ce n'est pas parce que tu es une fille que tes problèmes ne sont pas importants ou que tu ne peux rien comprendre parce que tu es jeune. Avoir besoin d'aide ne signifie pas que tu es faible ou inintelligente, mais simplement que tu es normale.

Tout comme tu demanderais à un entraîneur de t'expliquer comment marquer plus facilement le point décisif, tu devrais demander l'aide d'un professionnel et suivre ses conseils sans te décourager. Parle toujours à tes parents ou à tes professeurs afin qu'ils puissent, eux aussi, t'expliquer comment gérer au mieux la situation. Et surtout, n'aie pas honte de tes sentiments : tu es un être humain et ta santé mentale est donc importante.

EN BREF

Prendre soin de ta santé mentale est aussi important que ta santé physique.
Il est important de prendre les signaux de ton corps au sérieux, de les respecter et d'apprendre à surmonter les problèmes que tu peux surmonter par tes propres moyens. Dans tous les autres cas, n'hésite pas à demander de l'aide si tu en as besoin.

Chapitre 5: La pensée juste

Dans ce chapitre, tu apprendras comment tirer le meilleur parti de ta croissance en pensant de manière à atteindre au mieux tes objectifs.

La chose la plus importante que tu peux apprendre ici, c'est la bonne façon de voir la vie. Une attitude orientée vers la croissance est indispensable pour accepter tes erreurs et les utiliser comme moteur pour toujours aller de l'avant, même lorsque les choses deviennent difficiles. S'il y a bien une chose à retenir de cette première partie du livre, c'est celle-ci : apprends à avoir une attitude qui est prête à grandir.

Mais que signifie cette phrase ?

Nous parlons d'une attitude selon laquelle l'intelligence, le talent et les compétences sont des qualités qui s'apprennent et qui s'acquièrent par le travail et l'engagement. Alors que d'autres peuvent essayer de rester les mêmes, de résister au changement et de s'opposer à l'inattendu, une fille avec cette attitude est capable d'utiliser tous ces éléments pour s'améliorer et devenir de plus en plus intelligente et capable.

Tu n'y crois pas ? Écoute ça : plusieurs études ont montré que les élèves qui adhèrent à ce concept simple obtiennent généralement les meilleures notes et réussissent également en dehors de l'école. Tu comprends donc qu'il s'agit d'une étape absolument cruciale.

24 - Ne pas laisser sa tête à la maison

Avant d'aborder en détail le concept d'une attitude propice à la croissance, tu dois prendre note d'un fait fondamental : ton esprit est toujours avec toi.

«Bien sûr», me diras-tu. «Je ne peux quand même pas laisser ma tête à la maison quand je quitte la maison».

C'est vrai, même si ce n'est qu'au sens littéral. Mais combien de fois est-ce que c'est exactement ce qui se passe ? Combien de fois oublions-nous simplement l'importance du mental pour comprendre ce qui nous arrive et, surtout, pour l'assimiler ?

Alors, si tu veux vraiment vivre la meilleure vie possible, l'une des premières choses que tu dois faire est d'apprendre à prendre conscience de ton propre esprit et donc de ton attitude mentale. Si tu peux développer une pensée saine, elle t'accompagnera chaque jour, du matin au soir.

Cela signifie que, quelles que soient les erreurs que tu commets ou les défis que tu rencontres sur ton chemin, tu seras toujours prêt à les considérer comme des opportunités d'amélioration et non comme des obstacles. Tu seras alors plus enclin à croire que tu pourrais atteindre tes objectifs et tu affronteras ta vie quotidienne avec enthousiasme et confiance.

25 - Ne jamais changer d'avis n'est pas une bonne idée

Comme nous venons de le dire, une attitude fermée au changement t'empêche de développer tes capacités. C'est le genre de mentalité qui te fait croire que tes erreurs sont dues au fait que tu collectionnes les échecs, et que cet état ne peut donc en aucun cas changer.

Et en effet, il y a de nombreux problèmes causés par une attitude fermée. Tout d'abord, elle entraîne un sentiment de déception et d'insatisfaction dans la vie : après tout, ton esprit te dit toujours que tu n'es pas assez forte, et cela a des conséquences à long terme. Deuxièmement, cela te fait sentir moins sûre de toi et donc moins satisfaite, même si peut-être rien de ce que tu penses n'est vrai.

26 - Les personnes fermées n'ont pas de succès

Les personnes ayant une telle attitude auront donc moins de succès à l'école et plus tard dans leur travail. Elles ne chercheront jamais à atteindre l'excellence, mais se contenteront toujours de la médiocrité. Elles refuseront toutes les opportunités qui se présenteront à elles, car elles estiment qu'elles ne sont pas assez nombreuses et qu'elles ne peuvent pas faire mieux que ce qu'elles sont.

Les relations avec les autres auront également un impact négatif. Si tu te considères comme une mauvaise amie, tu commenceras bientôt à fréquenter des personnes qui te considèrent comme leur semblable et qui sont donc elles-mêmes de mauvaises amies. Cela n'apporte évidemment aucune joie, mais seulement une grande insatisfaction.

Bref, tous ces exemples montrent à quel point une attitude fermée peut être néfaste et qu'il faut l'éviter à tout prix.

27 - Réfléchir à la croissance et réussir

En revanche, si tu veux réussir dans la vie, si tu veux continuer à t'améliorer et obtenir les résultats que tu espères, il est préférable de toujours adopter une attitude ouverte à la croissance et prête au changement.

En adoptant une attitude qui te pousse à vouloir toujours plus, tu amélioreras aussi tes talents, tes capacités et tes qualités en conséquence. De cette manière, tu peux apprendre de tes erreurs et devenir une meilleure personne.

Et cette réflexion s'applique également à l'intelligence : elle aussi peut croître.

Beaucoup d'élèves se battent à l'école parce qu'ils pensent qu'ils ne sont pas assez bons, pas assez intelligents pour réussir. En conséquence, ils n'essaient même pas, pensant que cela n'a pas d'importance, si l'on n'a de toute façon pas les capacités pour réussir.

Et rien ne pourrait être plus faux. Le cerveau humain est en constante évolution et de nouvelles connexions se créent à chaque instant entre les neurones, c'est-à-dire les cellules qui en font partie. L'intelligence n'est pas un état, mais un muscle qui peut être entraîné à devenir de plus en plus fort et affronter les défis. N'oublie donc jamais de t'entraîner.

28 - L'erreur est une bonne chose

Voici une autre leçon très importante, mais aussi l'une des plus difficiles à retenir : les erreurs sont une bonne chose.

Bien sûr, cela peut te paraître fou, mais c'est la vérité. Les erreurs sont rarement une mauvaise chose. Au contraire, elles t'offrent la possibilité d'apprendre, de t'améliorer et de penser de manière plus créative.

La prochaine fois que tu feras une erreur, essaie de ne pas t'énerver et de ne pas te considérer comme incapable. Essaie plutôt de réfléchir à l'erreur et de comprendre pourquoi ce n'était pas la bonne méthode. Si tu ne peux pas trouver la réponse par toi-même, essaie de demander à tes parents ou à un enseignant.

À ce stade, il ne te reste plus qu'à apprendre. Apprends les raisons pour lesquelles tu as agi comme tu l'as fait, afin de ne pas refaire la même erreur. Tu es déjà une meilleure personne qu'au moment où tu as fait une faute.

29 - Tu es ta meilleure amie

Enfin, parle-toi toujours de manière positive.

Nous en avons déjà parlé dans un chapitre précédent : la dernière chose que tu devrais faire est de te critiquer constamment sans penser de manière constructive. Cette attitude est mauvaise pour ton esprit et aussi pour ton corps, et même s'il est difficile de contrôler tes pensées, il est important d'apprendre à le faire.

En adoptant une attitude positive, en se parlant à soi-même comme à une amie, on peut aborder chaque nouvelle situation sous un angle différent, plus objectif et plus concret.

Tu ressentiras alors moins de peur et tu pourras te déplacer avec plus de confiance, car tu sauras dès le départ que tu es tout à fait capable d'apprendre de nouvelles choses et que tu ne te laisseras pas arrêter par une simple erreur.

Même si ta voix intérieure essaie de te tirer vers le bas, souviens-toi toujours d'une difficulté que tu as déjà surmontée, d'une erreur que tu as corrigée ou d'un concours que tu as gagné, et rappelle-toi que si tu l'as fait une fois, tu peux le refaire.

EN BREF

Pour réussir dans la vie, le plus important est d'avoir toujours une attitude positive. Une attitude orientée vers la croissance te permet de t'adapter à chaque situation, d'apprendre de tes erreurs et de t'améliorer chaque jour.

Tu peux apprendre à faire tout ce que tu veux, ne l'oublie pas. Deviens la meilleure version de toi-même et essaie d'aider les autres à faire de même.

PARTIE 2:

TON CORPS

Chapitre 6:
Ton corps est ton ami

Dans ce chapitre, tu apprendras combien ton corps est beau et combien il est important de l'aimer.

Pendant la puberté, ton corps va subir des changements importants. S'il est déjà difficile pour tout le monde d'accepter son corps tel qu'il est, c'est encore plus compliqué quand on a chaque jour l'impression d'avoir un corps différent de celui d'avant. Tu dois donc apprendre à comprendre et à accepter ces changements pour pouvoir prendre soin de ton corps de manière optimale.

Il est normal, surtout à la puberté, de se sentir constamment mal à l'aise dans son propre corps, qui nous semble presque un étranger : et d'une certaine façon, il l'est, puisque quelques mois auparavant, il était encore très différent. Il est néanmoins important de comprendre que ces sentiments sont certes justes, mais aussi mal orientés : le fait que nous ne connaissions pas (encore) notre nouveau corps ne devrait pas nous empêcher de l'accepter tel qu'il est.

30 - Tu n'as qu'un seul corps, et c'est quelque chose de spécial

Commençons par le fait que peu importe à quel point tu grandis et changes au cours de ta vie, ton corps sera toujours partie de toi.

Tout ce qui t'entoure peut changer, mais tu n'auras toujours qu'un seul corps : le tien.

Il est donc de ton devoir de prendre soin de lui afin qu'il reste fort et en bonne santé le plus longtemps possible. Et il est beaucoup plus facile de prendre soin de lui si tu l'acceptes tel qu'il est et si tu le respectes. Tant de personnes, quel que soit leur âge, perdent beaucoup de temps à détester leur corps et à en souhaiter un autre. Cette attitude n'est pas seulement une grande perte d'énergie, elle est également inutile et t'empêche de te donner du respect.

Pense plutôt à tout ce que ton corps fait pour toi. Il t'aide à marcher, à t'amuser, à dormir et à faire tout ce que tu souhaites. Remercie-le pour ce qu'il fait et apprécie-le pour les possibilités qu'il t'offre, car sans lui, tu ne pourrais pas vivre tant de bonnes choses dans la vie.

31 - Se concentrer sur l'estime de soi

L'estime de soi est l'opinion que tu as de toi-même. Il ne s'agit pas seulement d'apprendre à s'aimer vraiment, mais aussi de se respecter et de s'apprécier. Si tu as une bonne estime de toi, cela signifie que tu crois en tes idées, tes opinions et tes sentiments : tu crois qu'ils ont de la valeur. Ce n'est que lorsque tu as ce ressenti que tu peux vraiment devenir la femme que tu veux être...

Mais comment développer une bonne estime de soi ?

Il s'agit essentiellement d'une attitude mentale. Nous avons déjà parlé de la capacité à voir les erreurs comme des opportunités, et ce processus est une conséquence naturelle : avec une bonne estime de soi, tu es capable de voir le monde sous une perspective plus large et d'accepter des choses qui échappent à ton contrôle.

Cette attitude est essentielle, car elle t'aide à gérer le stress, à faire face à l'anxiété et à te comporter comme tu le souhaites, même lorsque tu es sous pression. En outre, tu es mieux préparée à relever les défis et à les surmonter.

Commence par les choses pour lesquelles tu es douée et concentre-toi sur celles-ci. Il y en a certainement beaucoup : essaie de toutes les énumérer. Quels que soient tes talents, tu devrais toujours être fière de ce que tu peux faire. Tu es peut-être la meilleure danseuse de ta classe ou la nouvelle championne de plongée en apnée. Demande aussi à tes amis et à ta famille quels sont tes talents et concentre-toi sur eux.

Si tu sais ce que tu sais faire, essaie de te fixer des objectifs à atteindre. Des attentes trop élevées ne t'aideront certainement pas à vivre en paix, mais cela ne signifie pas que tu dois renoncer à tes rêves : essaie simplement de les décomposer en objectifs plus réalisables.

Mais avant tout, il faut essayer de s'accepter soi-même dans tous les sens du terme. Chacun d'entre nous a ses propres caractéristiques, et c'est ce qui nous rend uniques. Tu ne devrais jamais faire semblant d'être quelqu'un que tu n'es pas, ni cacher des aspects de toi, juste pour être acceptée par ton entourage. Découvre plutôt ce qui te rend unique et fais-le savoir au monde autour de toi.

32 - Aime-toi, même si tu changes

Ces considérations sur l'estime de soi nous amènent à une dernière conclusion : apprends à t'aimer, de bout en bout.

Nous l'avons déjà dit : ton plus grand critique, c'est toi-même. Peu importe le nombre de fois où ta famille, tes amis, et les gens que tu connais te complimentent ou te disent ce que tu vaux, cela n'a aucune importance tant que tu ne réalises pas toi-même à quel point tu es spéciale.

Et cette démarche commence tout d'abord par l'acceptation de son propre corps, quelle que soit son apparence. Malheureusement, cette relation n'est jamais simple, et nous y reviendrons plus en détail dans un chapitre à la fin du livre. De plus, il est normal qu'à l'adolescence, il y ait une sorte "d'obsession» pour son apparence physique, d'autant plus qu'elle est en constante évolution et toujours nouvelle.

Si tu y réfléchis, c'est tout à fait normal : tes cellules sont constamment remplacées, tu te souviens ? Le corps que tu connais maintenant sera complètement différent dans seulement sept ans. Et pendant la puberté, ces changements ne seront que plus évidents. Mais ton corps continuera à changer après la puberté et pendant toutes les années qui suivront. Pense par exemple au moment où tu deviendras mère ou même grand-mère : ton corps se développera de plus en plus rapidement, à tel point que tu auras l'impression de ne plus être toi-même. Lorsque cela se produit, essaie de te souvenir de ce moment, du moment où tu as appris à accepter que tout change, que c'est inévitable, et que tu peux et dois l'accepter.

Tes changements font simplement partie du fait que le monde entier change, et il est donc juste d'accepter ton corps tel qu'il est, de manière naturelle.

Lorsque tu te regardes dans le miroir, tu ne devrais pas te demander à quoi tu ressembles, mais simplement qui tu es. C'est ce qui devrait t'intéresser le plus : toutes les préoccupations liées à ton apparence peuvent disparaître grâce à la prise de conscience de ta valeur, que tu es unique et que tu es une personne importante.

33 - Le poids n'est qu'un nombre

L'un des changements les plus difficiles à accepter, surtout dans la culture dans laquelle nous vivons, est celui de notre poids.

Nous voulons tous avoir un poids sain qui nous permette de bien vivre et d'éviter certaines maladies. Essaie toutefois de te rappeler que le poids n'est qu'un chiffre et que ce qui compte vraiment, c'est de se sentir bien, tant physiquement que mentalement. Se concentrer uniquement sur le poids, sur un simple chiffre, n'aide absolument pas et n'indique pas non plus à quel point tu es en bonne santé.

Réfléchis un peu à cela : les muscles pèsent plus que la graisse. Certaines personnes sont très minces et en forme et pèsent pourtant plus que d'autres, qui font moins d'exercice, et cela est simplement dû à la différence de poids des masses que contient notre corps. Ne te fie donc pas simplement au chiffre que tu lis sur la balance.

34 - Fais confiance à un professionnel

Mais si tu ne peux pas te débarrasser de l'impression que quelque chose ne va pas, pourquoi ne peux-tu pas te débarrasser du doute ? Essaie de parler à un médecin. Un professionnel pourra te dire avec précision si ton poids est sain ou non et, si c'est le cas, comment tu peux améliorer ta santé. De cette manière, tu éviteras également de commettre des erreurs, comme choisir des régimes douteux, développer une relation malsaine avec la nourriture ou détruire ta confiance en toi.

Enfin, tu dois toujours te rappeler que même si ton médecin te dit qu'il est important pour ta santé de perdre quelques kilos, cela ne signifie pas que ton corps est sans valeur ou qu'il faut le rejeter. Tu es plus qu'un poids, et tu es importante, que le chiffre sur la balance soit haut ou bas. Essaie simplement d'être aussi saine que possible, dans le seul but de te sentir mieux.

35 - Apprends à prendre soin de ton corps

Comme tu n'as qu'un seul corps, tu dois dès à présent apprendre à en prendre soin correctement. Il n'est jamais trop tôt pour commencer, même si cela s'avère parfois trop tard. Lorsque tu seras adulte, tu constateras peut-être que tes articulations ou ta peau (pour ne citer que quelques exemples) sont plus «fatiguées» qu'elles ne devraient l'être.

Il y a beaucoup de choses que tu peux faire chaque jour pour prendre soin de ton corps et le garder en bonne santé. Tu peux lui donner une alimentation équilibrée, dormir suffisamment et être attentif aux signaux qu'il t'envoie. En effet, ton corps communique directement avec toi à chaque instant pour te demander ce dont il a besoin : écoute-le et tu sauras ce qu'il faut faire.

La vigilance est également importante parce que les besoins du corps ne sont pas toujours les mêmes. Par exemple, un adolescent a besoin de plus de sommeil qu'un adulte, et même qu'une personne âgée.

Il ne sert à rien de mentir : prendre soin de ton corps peut te sembler être une tâche plutôt fastidieuse au début. Mais tu verras que tu prendras vite le coup et que tu y prendras plaisir. C'est en tout cas un exercice très utile et ton corps te remerciera, comme tu le fais en prenant soin de lui, et en donnant le meilleur de toi-même.

EN BREF

Il est important d'avoir une bonne relation avec son corps, car il n'en est qu'un et nous accompagnera toute notre vie.

Nous devrions être reconnaissants pour ce que notre corps nous permet de faire, au lieu de nous concentrer uniquement sur ses défauts et de le détester sans raison. Essayons donc de le remercier en prenant soin de lui et en restant toujours en bonne santé et forts. Cela nous aidera non seulement à nous sentir mieux, mais aussi à avoir une meilleure estime de soi et donc à relever même les plus grands défis.

Chapitre 7:
Bien manger et se sentir bien

Dans ce chapitre, tu découvriras l'importance de l'alimentation pour ton avenir et comment construire une relation positive avec la nourriture.

Une fois que tu as accepté ton corps, tu ne peux pas te contenter de lui dire «oui» du bout des lèvres. Tu dois adopter chaque jour des comportements qui te permettent vraiment de le maintenir en bonne santé et résistant de manière concrète.

L'une des meilleures façons d'y parvenir est de bien s'alimenter. La manière dont tu l'alimentes a une influence directe sur la façon dont tu te sens et comment ton corps fonctionne. Une bonne alimentation peut te donner l'énergie et la santé dont tu as besoin pour poursuivre et réaliser tous tes rêves.

36 - Tu es ce que tu manges

Il y a un proverbe célèbre qui dit que l'on est ce que l'on mange.

Aussi banal que cela puisse paraître, cette phrase est en réalité vraie. La façon dont tu manges a un impact direct sur ton corps et ton bien-être, c'est pourquoi il est important qu'elle soit aussi bonne que possible. Ne choisis que des aliments qui sont nutritifs, sains et qui font du bien à ton corps.

Qu'est-ce que cela signifie dans la pratique ?

L'alimentation recommandée par les experts est très équilibrée et comprend des fruits, des légumes, des protéines, des graisses et des glucides. Une alimentation dans laquelle l'un de ces éléments est complètement supprimé est très probablement mauvaise pour la santé. D'ailleurs, selon une récente étude de Harvard, pour être équilibrée, l'assiette devrait être composée pour moitié de fruits et légumes, pour un quart de céréales et pour un quart de protéines saines.

Il existe une multitude d'aliments qui sont bons pour nous. Il s'agit bien sûr de tous les fruits et légumes ainsi que des légumineuses, les glucides comme les pommes de terre et les flocons d'avoine ou les protéines comme le poisson ou le poulet, ainsi que les fruits secs, ils sont également autorisés.

Rappelle-toi toutefois que tout aliment, s'il est consommé avec modération, est acceptable sans aucun problème.

37 - Les régimes peuvent être dangereux

Nous avons déjà constaté que «tout régime qui élimine complètement l'un de ces éléments a de fortes chances de ne pas être sain». Pour comprendre l'importance d'une alimentation saine, il faut se rappeler combien de maladies peuvent être causées par une mauvaise alimentation, par exemple les problèmes cardiaques ou le diabète, mais aussi les troubles alimentaires. C'est justement parce qu'une mauvaise alimentation peut faire tant de dégâts qu'il est important de veiller à toujours avoir une alimentation saine et équilibrée. En suivant les conseils ci-dessus, tu pourras contrôler les risques liés à une mauvaise alimentation.

38 - Ne te prive pas

D'un autre côté, il faut aussi faire attention à ne pas exagérer dans le sens inverse. Il est vrai qu'une alimentation saine est toujours importante et jamais mauvaise. Il est bon de limiter la consommation de malbouffe comme les aliments gras, riches en matières grasses, et les boissons sucrées. Ils ne sont pas bons pour notre corps, c'est certain.

Cependant, il y a aussi beaucoup d'aliments que nous aimons tout simplement, indépendamment du fait qu'ils soient bons pour nous ou non, et il n'est pas mauvais de ne pas s'en passer complètement. Un régime trop restrictif peut entraîner autant de problèmes qu'un régime incluant toutes sortes de malbouffe, sans parler du fait que, dans la plupart des cas, on se remet rapidement à manger comme avant.

La clé est donc l'équilibre. Essaie d'avoir une alimentation saine et équilibrée pour la plupart, mais si tu veux t'offrir le sandwich qui te rend folle ou une délicieuse pizza, ne t'en fais pas. N'en fais tout simplement pas trop. L'important, c'est que tu te sentes bien à la fin de la journée, y compris mentalement.

39 - L'eau est essentielle à la vie

Le dernier conseil utile en matière d'alimentation et de régime est de boire beaucoup d'eau. De nos jours, de nombreuses personnes sont déshydratées précisément parce qu'elles ne boivent pas assez d'eau, parce qu'elles n'y pensent pas ou parce qu'elles pensent ne pas avoir le temps.

En règle générale, il faut boire au moins deux litres d'eau par jour : c'est le minimum pour rester bien hydratée. Si tu veux augmenter ce chiffre, tu peux essayer de boire au moins un verre d'eau avant de te coucher et au réveil, ainsi qu'une demi-heure avant chaque repas. De cette manière, tes organes restent actifs et fonctionnels à tout moment et agissent comme un «système de refroidissement» qui les protège de la surcharge.

40 - Seule l'eau est de l'eau

Lorsque l'on parle de «boire beaucoup», la tentation est souvent grande de boire tout ce qui nous tombe sous la main.

N'oublie jamais que par «eau», nous entendons vraiment uniquement l'eau plate. Nous ne parlons donc pas de thé, de café, de jus de fruits ou d'autres boissons. Le thé et le café, en particulier, peuvent même avoir l'effet inverse, car la caféine contribue à la déshydratation du corps. Essaie donc de boire autant d'eau propre que possible.

Toutefois, si tu as envie d'une autre boisson, tu ne dois pas y renoncer non plus. Ne considère simplement pas ce liquide comme faisant partie de ton litre d'eau quotidien, mais comme un complément.

41 - Ne te laisse pas conditionner

Lorsqu'il s'agit de régimes, nous nous laissons très facilement influencer par ce que nous lisons, voyons à la télévision, sur Internet, ou par ce que les autres nous disent. Et en effet, de nombreuses études montrent qu'il existe un lien très étroit entre les troubles alimentaires et l'image de soi et de son corps, qui dépend en grande partie des comparaisons avec les autres.

Le problème est bien plus grave qu'il n'y paraît et concerne au moins la moitié des adolescents. Il suffit de dire que quatre adolescents sur dix suivent un régime, non pas pour des problèmes de santé ou parce qu'ils pratiquent un sport de compétition particulier, mais pour des raisons purement esthétiques. Pire encore, la plupart d'entre eux suivent des régimes dits «do-it-yourself», qui consistent à réduire arbitrairement la quantité de nourriture en suivant les conseils d'amis ou d'influenceurs sur Internet.

Mais en réalité, ces régimes ne fonctionnent que rarement et, dans de nombreux cas, ils ont même des effets très néfastes sur notre corps, allant jusqu'à provoquer de véritables problèmes de santé. Ne te laisse donc pas séduire par la facilité avec laquelle il est possible de trouver des informations sur Internet. Si tu ressens vraiment le besoin de suivre un régime, demande conseil à un nutritionniste afin de pouvoir le faire de manière saine et sûre.

EN BREF

Si tu veux vivre sainement, le plus important est d'avoir une alimentation saine et équilibrée, de ne pas te laisser tenter par des régimes étranges et dangereux et de boire beaucoup d'eau chaque jour. N'oublie cependant pas de t'offrir de temps en temps quelques snacks.
Si tu suis ces conseils, tu auras déjà fait un pas vers une vie saine et sans maladie.

Chapitre 8:
Bouger

Dans ce chapitre, tu apprendras que l'activité physique est le secret du bien-être intérieur et extérieur.

Si tu as appris à manger sainement, cela ne suffit pas pour avoir un mode de vie 100 % sain. Tu dois également faire de l'exercice et maintenir ton corps actif en permanence. De cette manière, tu peux entraîner tes muscles au quotidien et apprendre à ton corps à rester souple et en forme.

Il existe de nombreuses façons d'être actif. Peu importe ce que tu fais, tant que ton corps s'entraîne.

42 - Bouge et tu seras invincible

Quand tu vas à l'école, tu passes de nombreuses heures d'affilée assise à ton bureau. Ensuite, il se peut que tu rentres chez toi, que tu t'allonges sur le canapé et que tu y restes jusqu'au soir en mangeant quelques chips. Bien sûr, ce plan semble très relaxant, mais ce n'est pas forcément ce qu'il y a de mieux pour ton corps.

Que dirais-tu de te lever et de faire un peu d'exercice ? De cette manière, tu peux maintenir un corps sain et, par conséquent, un style de vie sain. Les avantages sont nombreux.

Tout d'abord, tu te sentiras mieux mentalement. Ton corps restera fort et tu te sentiras beaucoup plus en forme que si tu restais allongée toute la journée à ne rien faire. Si tu t'engages à faire du sport régulièrement, tu éviteras aussi de nombreuses maladies comme l'hypertension, le mauvais cholestérol et les maladies cardiaques. Et même si ces maladies ne semblent pas être ton problème pour le moment, elles pourraient le devenir dans 20 ou 30 ans.

Ce n'est pas tout. L'exercice physique t'aide à avoir plus d'énergie pour relever les défis quotidiens. De plus, les endorphines libérées par l'activité physique te permettent de te sentir plus heureuse, plus optimiste et plus enthousiaste. Ainsi, tu parviens à être moins stressée et gères mieux l'anxiété et la tristesse.

Enfin, l'exercice physique peut aussi renforcer ta confiance en toi. Pas tant parce que tu deviendras plus mince ou plus belle, cela n'a guère d'importance, mais parce que tu seras plus forte, moins tendue et toujours capable de faire face à tout ce qui se présente à toi. En bref, tu deviendras invincible.

43 - Se déplacer en plein air

L'une des meilleures façons d'être active est sans aucun doute d'aller prendre l'air. Pour nous tous, il est aujourd'hui facile de rester à l'intérieur de nombreuses heures par jour, peut-être devant un écran. Bien sûr, la technologie est une aide énorme pour de nombreuses choses, mais elle ne peut pas remplacer les avantages de la nature.

Passer du temps à l'air libre est important pour ta santé et ton bien-être. Cela permet d'augmenter le taux de vitamine D, de réduire la pression cardiaque et les inflammations, et même d'améliorer le sommeil. De plus, il est beaucoup plus facile de faire de l'exercice en plein air, c'est aussi plus amusant.

En bref, faire du sport en pleine nature est vraiment une bonne solution. Même une simple promenade à l'air libre peut changer l'état de ton corps chaque jour. Donc, si tu as un chien, c'est le moment de t'occuper de sa promenade quotidienne. Sinon, tu as l'embarras du choix : que dirais-tu d'un vélo ?

Toute occasion qui se présente à toi d'être dehors est une bonne occasion.

44 - Les muscles sont beaux sur tout le monde

Soyons honnêtes : si tu es une fille, tu as certainement déjà entendu toutes sortes de choses sur l'entraînement. Tu as peut-être aussi entendu beaucoup de gens dire que les filles entraînées ne sont pas très belles parce qu'elles sont trop musclées.

C'est absolument faux. Non seulement les muscles ne sont jamais mauvais, car ils signifient que l'on est en bonne santé et fort, mais une fille ne développera jamais une masse musculaire qui ressemble à celle d'un homme, peu importe le nombre de poids que tu soulèves ou le type d'entraînement que tu fais. Même un entraînement intensif comme soulever des poids ne fera que raffermir ton corps, c'est une bonne chose.

Pour renforcer tes muscles, tu peux utiliser soit des machines, soit des exercices à corps libre. Il est encore mieux d'essayer de combiner les deux. Il te suffit de travailler sur l'intensité, la fréquence et la répétition des exercices, peut-être avec l'aide d'un professionnel qui pourra te dire comment ne pas te blesser.

Si la salle de sport n'est pas pour toi, ne t'inquiète pas : tu peux toujours choisir un autre sport que tu aimes et qui te plaît. Trouve un(e) ami(e) avec qui tu peux faire du sport et amuse-toi.

45 - Respecter les limites

Voici un dernier conseil. Même s'il est très important d'être constamment active, tu ne dois jamais oublier que ton corps a des limites et qu'il est très important de ne pas les dépasser.

Laisse toujours à ton corps le temps de se reposer et de faire le plein d'énergie quand il en a besoin. Si tu ne fais pas attention à ce que te dit ton corps, tu pourrais te faire du mal, alors fais attention et respecte-le toujours. L'objectif est toujours d'être en bonne santé et non de se faire du mal.

EN BREF

Pour un mode de vie sain, il est important de faire de l'exercice tous les jours, de préférence en plein air. Découvre ce que tu aimes faire et trouve des amis avec qui le faire, et il te sera très facile de faire de l'exercice. Mais veille toujours à ne pas dépasser tes limites pour rester en bonne santé.

Chapitre 9:
Prends soin de toi

Dans ce chapitre, tu apprendras qu'il est essentiel de prendre soin de soi pour rester en bonne santé : une bonne hygiène et la gestion du cycle menstruel sont des étapes fondamentales.

Malheureusement, prendre soin de soi est un aspect du bien-être qui est largement sous-estimé. Pourtant, c'est un élément très important du bien-être physique et mental. Il y a tellement de façons de prendre soin de ta santé et de ta tranquillité d'esprit, même si cela semble impossible et que tu n'y es pas préparée.

Il est certain que les années de la puberté sont les plus compliquées à cet égard. Ton corps commence à produire des sécrétions étranges, ce qui fait que tu peux avoir une odeur bizarre, et il est facile de se sentir sale, surtout pendant ton cycle menstruel.

Heureusement, ces pratiques te permettent de prendre soin de ton corps, mais aussi de ton bien-être intérieur, sans jamais paniquer.

46 - Découvrir l'hygiène et ne plus jamais la quitter

Une bonne hygiène consiste à garder son corps propre et à s'appuyer sur certaines habitudes pour garder les germes et les microbes à distance. Apprendre cet aspect de la vie est essentiel pour rester en bonne santé et prendre correctement soin de son corps dans les années à venir.

L'hygiène est importante pour plusieurs raisons. Premièrement, tu pourras avoir une bonne odeur corporelle tout le temps, ce qui n'est pas une mauvaise chose. Cela te permet de te sentir plus en sécurité lorsque tu es en contact avec d'autres personnes, sans avoir honte. De plus, tu tiens à l'écart les germes qui provoquent de nombreuses maladies. Il ne s'agit pas seulement des germes qui se trouvent sur tes mains, qui peuvent entrer par le nez ou la bouche ou infecter tes yeux, mais aussi des germes plus dangereux qui peuvent endommager tes dents et ta peau, ou des champignons.

En bref, sans une hygiène correcte, la vie est beaucoup plus difficile, tant socialement que personnellement. N'oublie donc jamais de prendre une douche, de te laver les mains, de te brosser les dents et de faire tout ce qui est à ta portée pour être toujours propre.

47 - Créer une routine pour se sentir mieux

La meilleure façon d'entretenir une bonne hygiène de vie est de créer une routine efficace.

Nous avons tous besoin d'une routine différente, en fonction du fonctionnement de notre corps, des activités que nous pratiquons au cours de la journée, et de nos déplacements. Il existe toutefois une série de conseils qui s'appliquent à chaque fille.

Pense d'abord à prendre une douche ou un bain tous les jours. Nous savons que tu n'en as souvent pas envie ou que tu n'as tout simplement pas le temps. Et pourtant, c'est une étape importante. En fonction de la nature de ton cuir chevelu, tu peux décider toi-même de la fréquence de lavage de tes cheveux afin qu'ils soient toujours propres.

En parlant de cheveux, essaie toujours de les laver avec des produits qui te conviennent. De nombreuses personnes ont par exemple des pellicules et ont donc besoin de produits spéciaux qui peuvent résoudre ce problème. D'autres ont les cheveux gras, et là aussi, le problème peut être résolu. Tu devrais également tenir compte du type de cheveux que tu as : sont-ils épais ou fins ? Sont-ils lisses ou bouclés ?

Il est tout aussi important de brosser les cheveux. Là encore, tu dois procéder différemment en fonction de ton type de cheveux. Essaie de faire des recherches pour savoir quel outil te convient le mieux et découvre toutes les astuces pour garder tes cheveux soignés. Si tu constates que tu as besoin d'un traitement spécial, rends-toi chez un coiffeur pour savoir quelles coupes de cheveux te faciliteront la vie et quels produits te conviendront. Un expert sera certainement le mieux à même de t'aider.

Un autre aspect de ton hygiène que tu ne dois pas sous-estimer est la santé de tes dents. Pense à toujours les brosser et à consulter régulièrement ton dentiste si tu ne veux pas avoir de graves problèmes à l'avenir. Tu devrais te brosser les dents au moins deux fois par jour, le matin et le soir. Cela permet de s'assurer que tes dents sont toujours propres et que tu n'as pas mauvaise haleine. Pense aussi à utiliser du fil dentaire au moins une fois par jour.

Aucune de ces activités ne nécessite nécessairement de dépenser beaucoup d'argent en produits de beauté, elles sont donc accessibles à tous. Il existe toutefois quelques produits que tout le monde devrait avoir dans sa salle de bain. Il s'agit du shampoing, du savon, de l'après-shampoing, du savon pour le visage, de la crème pour le visage et surtout d'un déodorant.

Avec ces quelques produits, tu es sur la bonne voie !

48 - Ne pas avoir peur de l'acné

Points noirs, furoncles, boutons. Autant de noms pour un seul problème : l'acné.

Il n'y a pas non plus un seul type d'acné. Il en existe de nombreux types, chacun ayant ses propres symptômes, causes et effets. Certaines filles souffrent terriblement, d'autres peut-être pas du tout. La seule chose que tu peux faire est d'essayer de prendre soin de ton visage et de ton corps autant que possible afin d'endiguer le problème.

La première étape importante est de toujours te laver le visage avec un savon sans huile. Essaie également de toucher ton visage le moins possible et ne presse pas ton téléphone contre ta joue. En effet, plus des éléments étrangers entrent en contact avec ta peau, plus cela sera grave. Bien sûr, les états d'anxiété ou de stress peuvent aussi influencer l'acné, mais concentrons-nous maintenant sur l'aspect plus «physique» du problème.

Si tu as essayé un savon particulier, mais que tu as toujours des problèmes d'acné, il est probablement temps d'essayer quelque chose de plus fort. Il existe plusieurs produits spécifiques sur le marché pour lesquels il n'est pas nécessaire d'avoir une prescription médicale. La meilleure solution est toutefois de parler à un dermatologue qui pourra déterminer la cause du problème et te recommander le meilleur produit. Il pourra déterminer la cause du problème et te prescrire le produit le plus adapté à ton type d'acné spécifique.

49 - Apprendre quelque chose sur le cycle menstruel

Parmi les nombreux changements qu'entraîne la puberté, celui qui suscite le plus d'angoisse et d'inquiétude est certainement le cycle menstruel. Mais de quoi s'agit-il ? Eh bien, pour simplifier le sujet, chaque mois, ton utérus se prépare à une éventuelle grossesse. Supposons que tu ne sois pas enceinte, tous ces préparatifs sont en réalité inutiles et l'utérus expulsera l'ovule prêt à donner naissance à un bébé sous forme de sang à travers le vagin.

Il s'agit donc d'un processus tout à fait normal, au cours duquel le corps se débarrasse de quelque chose dont il n'a pas besoin pour le moment. Cependant, la première fois, il peut être assez effrayant de voir du sang s'écouler d'un endroit d'où rien n'était sorti quelques jours auparavant.

Ne t'inquiète pas : il n'y aura que très peu de sang. Il se peut que tu en perdes un peu plus le premier jour, mais cela disparaîtra les jours suivants.

50 - Il y a une solution à chaque problème

Tes règles peuvent provoquer différents symptômes dans ton corps, et il est bon de le savoir dès maintenant pour être prête à tout. Chaque fille est différente, et dans tous les cas, tu peux ressentir des effets différents chaque mois. Il y a cependant quelques symptômes qui s'appliquent à toutes et qui sont plus fréquents.

Le premier est ce que l'on appelle le syndrome prémenstruel. Il s'agit de tous les symptômes émotionnels et physiques qui apparaissent juste avant le cycle menstruel proprement dit. Cela peut inclure des sauts d'humeur, de l'anxiété, des ballonnements, de l'acné, de la tristesse et bien d'autres choses encore. Il se peut donc que tu sois particulièrement en colère ou triste sans raison pendant cette période : c'est certes agaçant, mais ni grave ni douloureux.

Les crampes sont un autre symptôme très fréquent. De nombreuses filles souffrent de crampes pendant leurs règles, surtout les deux premiers jours. Pour certaines, il s'agit juste d'une petite douleur facile à ignorer, tandis que d'autres doivent même prendre des analgésiques pour passer la journée. Heureusement, il existe un certain nombre d'astuces utiles pour soulager la douleur, comme le fait de placer une bouillotte juste au-dessus du pubis : de cette manière, la chaleur détend les muscles et la douleur devient moins intense.

Enfin, il y a les maux de dos qui ressemblent plus à une pression constante juste au-dessus de la zone du coccyx qu'à une véritable douleur. Cela peut être une sensation très désagréable, mais tout comme pour les crampes, on peut essayer de soulager la douleur avec un peu de chaleur.

Ce sont certainement les symptômes les plus fréquents, mais il en existe bien d'autres. Heureusement, pour chacun de ces symptômes, il existe une méthode plus ou moins simple pour gérer la situation du mieux possible.

51 - Nous sommes tous différents

Mais combien de temps dure ce cycle ?

Cela dépend de ton corps : chez certaines filles, il ne dure que 2 ou 3 jours, chez d'autres jusqu'à 7. Mais pour la plupart des filles, la durée est d'environ 5 jours.

Certaines filles ont un cycle plus court et plus léger, alors que d'autres ont un cycle plus long et plus abondant. Même si la durée et le déroulement de ton cycle sont très différents de ceux des autres filles que tu connais, ne t'inquiète pas : il est tout à fait normal que chaque corps fonctionne à sa manière.

Au début, le cycle ne sera pas non plus régulier, c'est-à-dire qu'il n'arrivera pas le même jour chaque mois. C'est tout à fait normal au cours des trois premières années et cela reste en tout cas la règle pour de nombreuses femmes. Il se peut aussi que tu aies chaque mois des symptômes différents et que tu vives un cycle complètement différent de celui du mois précédent. Cela dépend de toute une série de facteurs, principalement liés à ton mode de vie ce mois-là.

En l'absence de problèmes de santé particuliers, il est fort probable que tu continueras à avoir tes règles une fois par mois jusqu'à ce que tu atteignes la ménopause. Il s'agit de la période pendant laquelle le corps d'une femme n'est plus prêt à donner naissance à des enfants et correspond à peu près à l'âge de 50 ou 55 ans. Lorsque tu atteindras la ménopause, ton cycle s'arrêtera définitivement.

Une exception à cette règle est la grossesse, pendant laquelle la femme n'a pas ses règles. En effet, l'utérus ne se prépare plus à l'arrivée d'une nouvelle grossesse (puisqu'il y en a déjà une), il n'y a donc plus de «déchets» à évacuer.

52 - Découvre ce qui est le mieux pour toi

Une fois le cycle entamé, il est important de savoir comment gérer au mieux ces jours et tous les symptômes qu'ils impliquent.

La première chose à faire est de déterminer quelle méthode tu peux utiliser pour arrêter tes règles. La première possibilité, qui est certainement la plus facile à utiliser les premières fois, sont les serviettes hygiéniques externes. Il s'agit de bandes de matériaux absorbants (généralement du coton) qui peuvent être fixées temporairement à l'intérieur de tes sous-vêtements. C'est la méthode la plus simple, car il suffit d'appliquer la serviette hygiénique et d'enfiler le sous-vêtement.

Une deuxième solution consiste à utiliser des tampons, c'est-à-dire de petites serviettes hygiéniques qui sont introduites directement dans le vagin. De nombreuses jeunes filles les trouvent plus confortables, car elles n'entravent pas la liberté de mouvement. Il convient toutefois d'être particulièrement prudente : si tu portes un tampon interne pendant plus de 8 heures, tu peux développer une infection très grave, appelée syndrome du choc toxique. Il faut absolument éviter cela.

Bien que ces deux instruments soient sans aucun doute les plus répandus, de nombreuses autres méthodes alternatives, comme la coupe menstruelle, ont récemment gagné en popularité. Il s'agit d'une véritable coupelle qui est introduite dans le vagin et qui recueille le sang avant de le vider. Comme elle est en silicone et réutilisable, c'est certainement le choix le plus écologique.

Chacune de ces méthodes a sa raison d'être, tu peux donc choisir en toute confiance celle qui te convient le mieux.

53 - Apprends à te faire plaisir

Outre la gestion pratique du cycle, le plus important pendant cette période est de prendre soin de soi. Comme la plupart des femmes souffrent de symptômes désagréables et douloureux, tu dois faire en sorte de te détendre et de te sentir bien.

Essaie de prendre un bain chaud ou de faire une promenade en plein air : ces deux activités sont idéales pour soulager la douleur des crampes.

Regarde ta série préférée à la télévision, lis un livre sur le canapé, ou caresse ton animal de compagnie pour te sentir bien. Mais avant tout, tu dois te concentrer sur les activités qui te rendent heureuse et qui réduisent le stress. Il est tout aussi important de boire beaucoup d'eau. Comme nous l'avons vu, c'est important en général, mais aussi et surtout pendant le cycle. Cela permet non seulement d'éviter les éruptions cutanées liées aux hormones, mais aussi de favoriser la circulation et d'évacuer les toxines du corps. Si tu veux t'offrir un peu plus de malbouffe ces jours-ci, ne te restreins pas. Après tout, une gloutonnerie une fois par mois ne peut pas nuire à ta santé. Fais ce qui te fait du bien.

EN BREF

Prendre soin de soi est un aspect essentiel de votre bien-être.
Essaie de prendre soin de ton hygiène autant que possible, surtout lorsque ton cycle menstruel commence. La puberté est une transition naturelle qui peut aussi être très agréable si tu l'abordes correctement, sans paniquer. Reste donc calme, fais toujours ce qui te fait du bien et détends-toi : Tu grandis, et c'est bien.

PARTIE 3:
L'ÉCOLE

Chapitre 10: L'école est l'exercice du futur

Dans ce chapitre, tu découvriras l'importance de l'école pour apprendre à vivre au mieux pour toi et dans ton avenir, mais tu apprendras surtout que tu peux devenir tout ce que tu souhaites.

Nous savons que l'école te semble ennuyeuse. Tu ne veux pas la prendre au sérieux et tu t'en fiches de toute façon. C'est normal : la plupart des enfants pensent ainsi.

Mais finalement, c'est pour le regretter amèrement plus tard. Oui, car que ce soit au moment d'entamer des études ou d'entrer dans le monde du travail, il arrive pour chacun un moment où on se rend compte qu'on aurait dû faire un peu plus d'efforts à l'école.

Alors pourquoi ne pas apprendre de ceux qui ont déjà réussi ?

Commence dès maintenant à considérer l'école sous un angle plus large. Il s'agit de ta première carrière et cela vaut la peine de la prendre au sérieux.

Être attentif en classe et faire tous ses devoirs, ce n'est pas seulement apprendre ce qui est enseigné, mais aussi et surtout comprendre comment se comporter, même si ce que l'on a à faire n'est pas particulièrement amusant, ou si l'on n'a pas envie de le faire.

Avec une telle attitude, tu réussiras dans ta vie, dès maintenant, et à l'avenir.

54 - L'école n'est pas pour les intellos

À l'école, on a souvent l'impression que seuls les "nerds" font des efforts, alors que les filles les plus «cool» sont celles qui se soucient de l'apparence, du plaisir et éventuellement de la mode et du maquillage.

Mais ce n'est pas vrai.

L'école n'est certainement pas réservée à une certaine catégorie de personnes. Elle appartient à tous, précisément parce que chacun en a besoin pour réussir dans sa vie, pour apprendre, et pour atteindre ses objectifs.

L'école n'est donc pas un truc d'intellos, mais un moyen pour arriver à ses fins. De plus, ce n'est pas parce que tu te concentres sur l'école que tes autres passions doivent complètement disparaître. Les devoirs ne t'empêchent pas de jouer au volley-ball, d'aller nager ou de t'amuser avec tes ami(e)s. Inversement, l'entraînement ou les soirées ne devraient pas t'empêcher d'avoir de bonnes notes.

Il faut simplement apprendre à équilibrer les choses et à donner à chaque activité la place qui lui revient.

55 - Apprends tout ce que tu peux

Même si cela ne te plaît pas, tu dois rester assis à l'école, alors pourquoi ne pas essayer d'en tirer le meilleur parti ? Plutôt que de te distraire, essaie de profiter de chaque moment utile pour acquérir des compétences de base.

Non, nous ne parlons pas ici de mathématiques ou de grammaire, bien que cela ne fasse certainement de mal à personne d'en savoir un peu plus. Nous parlons de toutes ces compétences qui ne te sont pas directement expliquées, mais qui peuvent être très utiles à l'avenir, comme la gestion du temps, l'organisation, ou la capacité à travailler avec les autres.

Ce sont des qualités qui t'accompagneront toute ta vie et qui t'aideront dans les occasions les plus diverses.

Apprends le plus possible de l'école, non seulement les matières qui figurent dans ton emploi du temps, mais aussi et surtout tout ce qui se passe pendant les heures où tu n'as pas cours. Cela t'aidera vraiment.

De plus, dès que tu commenceras à travailler, tu pourras facilement appliquer tous ces enseignements dans ton environnement professionnel. Cela vaut aussi bien pour les informations que tu as étudiées que pour tout ce que tu peux absorber indirectement. En ce sens, l'école ne sera jamais inutile, mais constituera une source inépuisable d'aide.

56 - Lis, lis, lis

Si tu lis ce livre, cela signifie que tu as déjà accompli un travail considérable.

Oui, car la lecture est vraiment tout, même si ce que tu lis ne t'a pas été imposé à l'école, et peut-être justement pour un moment comme celui que tu vis là. Les livres sont une véritable panacée, tant pour ta santé et ton intelligence que pour tes relations avec les autres : plusieurs études montrent qu'ils sont une aide fondamentale pour le développement personnel.

Tu n'y crois pas ?

Écoute cela : la lecture aide à apprendre de plus en plus de nouveaux mots, améliore la créativité, la pensée critique et la concentration. De plus, elle t'aide à mieux écrire, ce qui n'est pas une mince affaire, et peut même réduire le niveau de stress de 68 %. Comme par magie ! Et ce ne sont là que quelques-uns des avantages, mais il y en a bien d'autres.

Rends-toi service : continue à lire comme tu le fais en ce moment. Cherche quelque chose qui t'intéresse et lis, lis, lis.

57 - Le rôle des enseignants n'est pas de rendre ta vie impossible

Cela peut sembler étrange pour toi, mais c'est vrai : tes professeurs ne se réveillent pas le matin avec l'envie de te voir souffrir. Au lieu de cela, la plupart d'entre eux semblent être motivés par une passion pour leur matière ou pour l'enseignement en général, et cela ne signifie qu'une chose : le rôle des enseignants est de t'aider. Si tu as l'impression qu'un enseignant essaie de te rendre la vie impossible, tu devrais très probablement te poser quelques questions. La plupart du temps, ce sentiment vient du fait que tu sais que tu as enfreint une règle ou que tu n'as pas accompli une tâche qui t'était assignée. En d'autres termes, il s'agit d'un simple sentiment de culpabilité.

Dans ce cas, tu devrais chercher le dialogue avec ton professeur. Ton désir de t'améliorer sera clair et tu recevras certainement de l'aide pour cette tâche fastidieuse. Tu peux aussi demander directement de l'aide si tu sens que tu en as besoin : ton professeur sera certainement heureux de t'aider. N'aie pas honte de demander des informations supplémentaires à tes enseignants : ils sont là pour ça.

En bref, le rôle des professeurs est de te faciliter la vie et de t'aider à réussir. Sois ouverte et honnête, demande de l'aide, et elle te sera donnée. N'aie pas peur !

58 - Connaître ses limites

Même s'il est important de toujours faire de son mieux à l'école, il arrive souvent que la tâche dépasse tout simplement tes capacités. Après tout, l'esprit a aussi ses limites et il est juste de les respecter, comme nous l'avons constaté pour ton corps.

Avoir des limites signifie simplement savoir de quoi nous sommes capables et jusqu'où nous pouvons aller avant que l'effort ne devienne trop important. Cette conscience nous aide non seulement à éviter les attentes irréalisables qui engendrent déception, mais aussi à préserver notre bien-être mental. Enfin, cela aide à ne pas chercher d'excuses, et simplement à donner le maximum.

Il est important de connaître ses limites afin d'éviter de se surmener et de se blesser. Tout le monde doit par exemple dormir et manger. Si les devoirs ou les études t'empêchent de prendre soin de toi, cela n'en vaut pas la peine : tu dépasses tes limites.

Rappelle-toi donc que le plus important est toujours la santé, tant physique que mentale.

59 - Attention à la paresse

Mais en même temps, il est important de ne pas se rapprocher du risque inverse : faire moins que son mieux. Il est très facile de confondre la paresse avec une limitation et d'essayer d'en faire moins en prétextant que l'on n'est pas assez bon. C'est pourtant un manque de respect, non seulement envers les enseignants, mais aussi, et surtout, envers toi-même.

Ce n'est qu'en t'efforçant toujours d'atteindre tes limites que tu pourras continuer à t'améliorer et devenir ainsi la meilleure version de toi-même.

60 - Ne pas trop stresser

Puisque nous avons déjà parlé des limites qui peuvent être imposées à la santé physique et mentale, il convient de parler brièvement du stress.

D'une part, il est tout à fait normal de se sentir un peu stressé avant un examen ou une question. D'un autre côté, cette excitation ne doit cependant pas être généralisée. Si tu as l'impression que l'école te fait culpabiliser, il est temps de prendre du recul et de réfléchir précisément à ce qui se passe et aux raisons qui pourraient en être la cause.

Si tu ne comprends pas la raison de tout ce stress, tu peux essayer de demander conseil à un adulte, par exemple un professeur ou tes parents. Ils pourront certainement t'aider à en savoir plus. Ils pourront également te suggérer quelques astuces qui te permettront de donner le meilleur de toi-même à l'école, sans sacrifier ta santé.

61 - Suis tes rêves : tu peux être qui tu veux

Au cours de ton parcours scolaire, tu rencontreras malheureusement souvent quelqu'un qui te dira que tu ne peux pas faire ce que tu veux, que tu ne peux pas devenir ce que tu rêves d'être. C'est presque une honte de l'admettre, mais aujourd'hui encore, être une femme implique des restrictions, notamment en raison du fait que l'on n'est pas considérée comme l'égale des hommes en termes de talent et de professionnalisme.

Cela pourrait t'amener à exclure certaines possibilités, tant en ce qui concerne les écoles que tu choisis que la carrière que tu souhaites poursuivre à l'avenir.

Ne fais pas cela. Tu as les mêmes capacités et talents qu'un garçon, et tu as raison d'être ambitieuse et de suivre tes rêves. Explore de nouvelles possibilités et essaie d'aller toujours plus loin, de grandir, et de t'améliorer. Crois en toi, et crois toujours que tu es capable de tout.

Tu peux vraiment être qui tu veux être, sans crainte.

EN BREF

Même si l'école te semble inutile et que tu n'as pas envie de t'investir, essaie de tirer le meilleur parti de cette expérience. Même si cela ne semble pas être le cas sur le moment, tout ce que tu apprendras pendant ces années se révélera décisif à l'avenir. Mais en même temps, tu dois apprendre à évaluer tes limites et essayer de contrôler ton stress autant que possible afin de rester en bonne santé et de ne pas mettre en danger ta santé physique et mentale. Grâce à cet équilibre, à ton engagement et à ta persévérance, tu pourras réaliser tout ce que tu souhaites.

Chapitre 11: Engagement ou talent ?

Dans ce chapitre, tu apprendras que même le plus grand talent ne peut rien contre un engagement constant : c'est le véritable secret de la réussite.

L'un des éléments clés de l'apprentissage d'une attitude positive est de comprendre que l'engagement est plus important que le talent. Et tu peux décider d'utiliser cette information à ton avantage pour créer la meilleure version possible de toi-même et continuer à t'améliorer chaque jour.

Prenons un exemple pratique. Supposons que tu ne sois pas très bon à l'école, ou du moins que tu le penses. Eh bien, cela ne veut absolument pas dire que ta scolarité sera médiocre. Si tu travailles dur, tu peux facilement obtenir de meilleures notes et gagner en assurance, en t'exerçant constamment.

Il en va de même pour chaque domaine auquel tu veux te consacrer.

62 - Le talent seul ne sert à rien

Le premier point de départ fondamental est de reconnaître que le talent seul est totalement inutile. Une personne peut être incroyablement talentueuse, mais ne jamais rien accomplir, simplement parce qu'elle n'a même pas commencé à s'efforcer dans la bonne direction. Pour prendre un exemple, aucune grande athlète ne serait jamais devenue professionnelle si elle ne s'était pas entraînée tous les jours et n'avait pas tout donné.

Et cela vaut aussi pour toi. Tu peux être incroyablement douée et capable, mais tu n'arriveras à rien si tu ne travailles pas pour obtenir ce que tu veux. Il arrivera inévitablement un moment où tu auras le sentiment de ne pas être assez forte pour réussir, ainsi, les efforts que tu feras seront précisément ce qui compensera ton manque d'expérience.

La conclusion est simple. Puisque le talent seul ne sert à rien, il ne te reste plus qu'à t'engager dès le début et à développer une bonne éthique de travail que tu pourras appliquer aux différents domaines de ta vie. Si tu sais comment te comporter correctement lorsque tout va bien, tu seras capable de le faire lorsque les choses deviennent difficiles.

63 - Même les personnes talentueuses échouent

Lorsque nous pensons aux génies, nous pensons toujours qu'il s'agit de personnes pleines de talent, qui n'ont jamais eu à travailler péniblement pour obtenir quelque chose. En réalité, ce n'est pratiquement jamais le cas. En règle générale, les personnes considérées comme les meilleures dans leur domaine ont investi beaucoup de temps et d'efforts pour arriver là où elles sont aujourd'hui. Cela s'explique par le fait que le talent n'est rien sans un travail acharné.

Pense par exemple à J.K. Rowling, l'auteur de la célèbre saga «Harry Potter». Elle peut te sembler être un écrivain de génie, mais en réalité, elle a été rejetée par de nombreuses maisons d'édition avant de pouvoir publier son premier livre et d'obtenir un grand succès. Et c'est tout simplement parce qu'elle n'a pas abandonné, mais a continué à travailler dur et à faire des efforts, qu'elle soit talentueuse ou non. Si, au contraire, elle n'avait compté que sur son talent, elle aurait abandonné et échoué bien avant le «oui» fatidique.

L'histoire est pleine de ces personnalités qui nous enseignent que, indépendamment du talent ou du manque, nous pouvons échouer ou réussir par nos efforts et notre implication. C'est donc à toi de ne pas abandonner et de continuer à essayer, d'apprendre de tes erreurs et de persévérer jusqu'à ce que tu atteignes ton objectif.

64 - Découvrir le secret de la réussite

Si tu essaies de comparer une personne naturellement douée à une personne engagée, tu constateras que l'engagement surpasse le talent pratiquement à chaque fois. Bien sûr, la personne douée peut avoir l'avantage au début, mais elle finira par céder avec le temps. C'est une information que tu peux utiliser à ton avantage.

Si, par hasard, tu n'es pas très douée dans un domaine, continue d'essayer. Un jour, tu seras en mesure de battre les autres qui n'ont pas fait autant d'efforts que toi, quel que soit leur talent. Et inversement, si tu es douée, ne te repose pas sur tes lauriers, mais cherche toujours à t'améliorer et ne te laisse pas dépasser par ceux qui font également de leur mieux.

Plus tôt, nous avons raconté l'histoire de J.K. Rowling pour montrer que la plupart des personnes qui réussissent sont avant tout des travailleurs acharnés, quel que soit leur talent. Et il existe de nombreux exemples de personnes qui ont suivi le même chemin.

Voilà donc le secret de la réussite : toujours travailler à la réalisation de ses propres objectifs. Ce chemin commence par l'école, qui est ta première vraie carrière. Donne tout maintenant pour que tu puisses utiliser plus tard toutes les compétences que tu as acquises pendant ces années.

65 - Tu seras ce que tu deviens maintenant

La plupart des élèves ne pensent pas qu'ils doivent faire des efforts à l'école parce que «ce que j'apprends ne servira de toute façon à rien dans la vie réelle». Et cela vaut surtout pour les élèves qui ne veulent pas étudier.

Bien sûr, ce n'est pas du tout le cas. Même si tu sais déjà ce que tu ne veux pas étudier, la mentalité et l'éthique de travail que tu développeras pendant ces années t'accompagneront pour le reste de ta vie, même dans ta vie professionnelle.

Il existe en effet de nombreuses compétences que l'on apprend à l'école et qui trouvent une application pratique dans la vie de tous les jours. Lire et écrire, par exemple, sont deux activités que l'on doit pratiquer tous les jours, même dans des domaines différents. Et cela vaut également pour les leçons indirectes, comme la discipline qui fait que l'on se lève à l'heure chaque matin, ou la capacité à se concentrer et à s'engager dans un objectif.

Essaie de t'imaginer ainsi. Si tu parviens à t'engager dans des choses que tu n'aimes pas ou qui ne t'intéressent pas, alors imagine ce que tu peux faire avec ce que tu aimes et ce qui te passionne.

L'école est l'occasion idéale d'apprendre exactement comment travailler au mieux et comment gérer les difficultés. Concentre-toi donc dès maintenant sur l'amélioration de ton potentiel et sur le fait de devenir toujours meilleure en fournissant des efforts continus.

EN BREF

Si tu veux vraiment réussir dans la vie, commence par l'école. C'est là que vous apprendrez à vous engager dans ce que vous voulez. C'est en effet l'engagement qui est le véritable secret de la réussite, et non le talent. Même la personne la plus talentueuse du monde échouera si elle ne travaille pas dur pour atteindre ses objectifs. Le talent seul ne suffit pas, alors n'abandonnez pas et continuez à travailler de plus en plus dur pour construire la vie que vous voulez.

PARTIE 4:
RELATIONS

Chapitre 12:
Les parents

Dans ce chapitre, tu apprendras comment gérer ta relation avec tes parents.

La relation avec ses propres parents est certainement l'une des plus importantes pour chaque jeune fille. Il est important qu'elle soit saine et respectueuse et qu'elle conduise à une aide mutuelle. Indépendamment de l'identité de tes parents, il est vraiment bon d'avoir une belle relation avec eux, car tu peux aussi en déduire la manière dont tu dois te comporter et interagir avec les autres.

En bref, si tu apprends à comprendre tes parents et à te comporter avec eux, tu peux non seulement devenir une meilleure fille à leurs yeux, mais aussi une meilleure personne.

66 - Les parents aussi apprennent

La première chose à comprendre est que les parents ne sont pas nés. Les parents sont des personnes qui apprennent sans arrêt, et c'est précisément pour cette raison qu'ils peuvent commettre des erreurs. Bien que cela ne soit pas une petite faute à nos yeux, c'est en réalité une conséquence normale du processus d'apprentissage.

Cela signifie que tes parents ne sont peut-être pas parfaits, mais qu'ils font certainement de leur mieux pour t'éduquer de manière à ce que tu sois confiante, heureuse et en bonne santé, même s'il peut y avoir des couacs en cours de route.

Tout comme tes erreurs, les leurs ne sont que des occasions de mieux comprendre et de mieux se connaître, alors essaie de les percevoir comme telles.

67 - Laisse-les faire

Et c'est justement parce que tes parents apprennent encore que tu devrais parfois les laisser faire. Bien sûr, il serait facile de se mettre en colère lorsqu'ils font quelque chose de mal, mais ils le vivent probablement encore plus mal que toi, il n'y a donc aucune raison de se mettre en colère.

Pense seulement au fait que tant de parents passent la nuit à réfléchir à ce qu'ils ont fait de mal et à la manière dont ils auraient pu se comporter autrement. Et ce, sans même que tu aies à leur rappeler leur erreur. Alors pourquoi ne pas essayer de les aider et de les comprendre, au lieu de les engueuler ?

Après tout, pendant ce temps, ils font de leur mieux pour t'éduquer et s'éduquer eux-mêmes. Ce n'est certainement pas une tâche facile.

68 - Prends le temps de découvrir tes parents

Les parents sont aussi des personnes comme les autres. Cela signifie qu'ils ont leur propre caractère, des choses qu'ils aiment et détestent, et toute une série d'intérêts et d'occupations qui vont bien au-delà de leur rôle de mère ou de père. Es-tu sûr de les connaître vraiment ?

Apprendre à connaître ses propres parents est un processus très gratifiant. Bien sûr, leur rôle est généralement de t'éduquer, de te guider et de te donner des conseils, mais il n'y a aucune raison pour qu'ils ne deviennent pas aussi tes amis. Tu constateras qu'au moins l'un de tes parents, si ce n'est les deux, te ressemble incroyablement et qu'il vit beaucoup d'expériences similaires. Et même si vous vous rendez compte que vous êtes tout de même différents, cela ne changera rien au fait que vous aurez désormais créé de nouveaux souvenirs ensemble et que vous pourrez parler de ces échanges pour le reste de votre vie.

Cela vaut vraiment la peine de prendre le temps de découvrir tes parents aussi souvent que possible. Tu peux commencer par leur demander comment ils étaient à ton âge, afin de créer d'emblée un point de proximité. Plus vous vieillirez, plus votre relation sera profonde et vous apprendrez à les comprendre de mieux en mieux.

69 - Demande conseil à tes parents

La dernière suggestion, qui concerne la relation avec tes parents, est de leur demander conseil. Nous savons que ce n'est pas si facile. Les parents semblent toujours trop vieux et d'une autre génération, et il est facile de penser qu'ils ne comprennent pas ce que tu traverses, et encore moins comment tu le ressens.

Mais ce n'est pas tout à fait vrai. Comme nous venons de le dire, les parents sont des personnes comme les autres, et il est donc impossible que leur vie se soit arrêtée au moment où tu es née. Ils savent comment est le monde et ils peuvent t'aider à mieux le comprendre, car ils sont là pour ça. Ils seront heureux de t'aider si tu es en difficulté, et il te suffit de leur demander conseil.

Bien sûr, au début, tu te sentiras peut-être un peu bizarre à ce sujet, mais au final, tu seras contente de l'avoir fait. Tes parents n'ont aucun intérêt à te juger ou à te mettre mal à l'aise : ils veulent juste que tu sois au mieux.

EN BREF

La première relation que tu construis avec les autres est celle que tu as avec tes parents. Construire une relation saine et heureuse avec eux est donc la première étape pour devenir une meilleure personne. Même si la différence d'âge peut te faire paraître distant, les parents sont en réalité des personnes comme tout le monde, qui peuvent faire des erreurs, mais qui peuvent aussi t'aider à résoudre les tiennes. Donne-leur une chance et apprends à les connaître.

Chapitre 13:
Les frères et sœurs

Dans ce chapitre, tu apprendras comment gérer ta relation avec tes frères et sœurs.

La relation avec tes frères et sœurs est également particulièrement importante et arrive en deuxième position après la relation avec tes parents. Une relation forte avec tes frères et sœurs peut durer toute la vie et être une pierre angulaire au fil des années. Et même si tu es enfant unique, cela ne signifie pas que tu doives renoncer à cette expérience : même un cousin ou un ami de la famille peut devenir comme un frère ou une sœur.

70 - Tes frères et sœurs sont tes amis

Si tu as des frères et sœurs, félicitations : tu as beaucoup de chance. Si tu leur témoignes le respect qu'ils méritent, tu t'es fait des amis pour la vie. Après tout, tu ne connaîtras personne aussi bien qu'eux, et vice-versa : vous avez grandi dans le même environnement et vous avez probablement toute une série d'expériences en commun, c'est pourquoi ils peuvent devenir tes potes.

C'est un grand avantage !

Essaye de ne pas les considérer comme des ennemis, mais comme des alliés. Rassemblez vos forces. Même si cela peut certainement être un inconvénient pour tes parents lorsque vous êtes plus jeunes, avec le temps, ce sera mieux pour tout le monde et vous apprécierez de plus en plus cette relation.

Cela signifie que vous pouvez vous aider mutuellement au lieu de vous mettre constamment des bâtons dans les roues. Car deux têtes valent de toute façon mieux qu'une, et c'est ainsi que tous les problèmes peuvent être résolus.

Peu importe le nombre de frères et sœurs que tu as, crée un lien durable avec eux et amuse-toi bien avec chacun d'eux.

71 - Passe du temps avec tes frères et sœurs

L'une des meilleures façons de renforcer les liens avec tes frères et sœurs est de faire une activité ensemble, encore mieux si elle se déroule en plein air. Au lieu de rester assis à la maison, les yeux rivés sur un écran, tu devrais les emmener dehors et créer de nouveaux souvenirs ensemble.

Vous pourriez par exemple essayer d'explorer votre environnement. Que vous viviez à la campagne ou en ville, il y a toujours des coins amusants et intéressants à choisir. De cette manière, vous pouvez vraiment créer des souvenirs qui resteront gravés dans votre mémoire toute votre vie et dont vous rirez ensemble quand vous serez vieux.

72 - Demande conseil à tes grands frères et sœurs

Si tu es la sœur cadette, n'hésite pas à demander conseil à tes frères aînés, encore mieux s'ils sont sœurs.

Ils ne te jugeront certainement pas pour cela, au contraire : ils veulent t'aider, surtout si vous avez une bonne relation. Car, quel que soit ton problème, il est fort probable qu'ils l'aient déjà vécu, et récemment !

73 - Protéger tes jeunes frères et sœurs

En revanche, si tu es la grande sœur, tu dois toujours garder un œil sur tes petits frères et sœurs. Ton rôle est d'aider tes parents, de les protéger, et de les aider du mieux que tu peux. Tu verras, quand ils seront plus grands, ils te remercieront pour tous les conseils que tu leur as donnés.

Mais essaie en même temps d'éviter d'agir comme un parent. Personne n'aime être «sermonné» par quelqu'un qui n'est pas sa mère ou son père, alors n'endosse pas leur rôle. N'agis que si tu es sûre qu'un de tes frères et sœurs a des problèmes et a besoin d'aide, mais laisse-les aussi faire des erreurs, et vivre leur vie comme ils l'entendent.

EN BREF

Tes frères et sœurs peuvent être tes meilleurs amis, si tu le veux bien. Connecte-toi avec eux et amuse-toi ensemble pour créer des souvenirs qui dureront toute une vie. Si vous vous aidez et vous conseillez mutuellement, vous aurez vraiment le plus grand avantage possible.

Chapitre 14:
Les grands-parents

Dans ce chapitre, tu apprendras comment gérer ta relation avec tes grands-parents.

En tant qu'enfant, on a parfois l'impression que les grands-parents sont un fardeau. On n'a peut-être pas envie de leur parler au téléphone ou de dormir chez eux, si cela arrive. On a presque l'impression qu'on ne peut pas s'amuser avec eux.

Malheureusement, de très nombreux petits-enfants sont dans ce cas. Et c'est vraiment dommage, car en raison de leur âge, ils n'ont que très peu de temps à passer avec leurs grands-parents, qui ont toute une vie de connaissances et d'histoires à leur transmettre.

Grâce à une bonne relation avec tes grands-parents, tu peux vraiment vivre mille aventures.

74 - Souviens-toi que tu as de la chance

Beaucoup n'ont pas l'occasion de connaître leurs grands-parents. Ils ne sont plus parmi nous, et avec eux disparaissent toute l'histoire familiale, les connaissances et les anecdotes qu'ils ont conservées.

C'est précisément pour cette raison que, si tes grands-parents sont encore avec toi, tu dois considérer cela comme une véritable bénédiction. Tu as de la chance de pouvoir établir une connexion avec eux, d'apprendre à les connaître, et de passer du temps avec eux. Plus tu grandiras, plus tu apprécieras cette relation, surtout tant qu'ils sont en bonne santé. Et si tu as déjà une relation spéciale avec tes grands-parents, tu as vraiment de la chance.

Toutefois, si tes grands-parents ne sont plus là, cela ne signifie pas que tu ne peux pas avoir une relation similaire avec quelqu'un d'autre. Il peut s'agir d'un grand-oncle ou d'une grand-tante, d'amis de la famille de tes grands-parents, de quelqu'un avec qui tu peux établir une relation similaire.

75 - Découvre d'où vient ta famille

L'une des histoires les plus intéressantes que tes grands-parents peuvent te raconter est celle de ta famille.

Tes parents ne connaissent peut-être pas très bien le sujet, mais avec les années, ce type d'information devient de plus en plus important, et c'est justement pour cela que les grands-parents sont une véritable mine de traditions et d'histoires. Et c'est vraiment intéressant. Efforce-toi de demander à tes grands-parents d'où vient ta famille, quel est ton passé et d'approfondir sur votre histoire. Comprendre d'où l'on vient peut être le premier pas pour savoir où l'on va. De plus, chaque grand-parent a sa propre technique de narration, et c'est toujours amusant de découvrir quels souvenirs cette histoire évoque.

76 - Passe du temps avec tes grands-parents

Tu peux non seulement parler de ton histoire familiale, mais aussi faire de nombreuses activités pour te lier d'amitié avec tes grands-parents.

Même si, au départ, tu as l'impression de n'avoir rien en commun avec eux, tu constateras que vous avez en fait de nombreux points communs. Par exemple, de nombreux grands-parents sont toujours passionnés de sport, même s'ils ne sont peut-être plus assez en forme pour en pratiquer : vous pourriez regarder un match ensemble et le commenter.

Ou peut-être aimez-vous tous les deux les activités manuelles comme le travail du bois ou le jardinage : quoi de plus agréable que de faire ce genre d'activités ensemble ? Tu pourrais même demander à ta grand-mère de t'apprendre à coudre ou à broder : c'est un passe-temps très relaxant qui te plaira peut-être vraiment.

Grâce au temps que vous passez ensemble, toi et tes grands-parents pouvez devenir de plus en plus amis. Et même si vous vivez loin, la technologie actuelle vous permet d'être ensemble à distance, où que vous soyez dans le monde. Apprends à tes grands-parents à utiliser ces outils afin que vous puissiez toujours communiquer ensemble.

EN BREF

Grâce à une bonne relation avec tes grands-parents, tu peux vraiment vivre mille aventures. Demande-leur de te raconter l'histoire de votre famille ou passe du temps avec eux pour découvrir les loisirs que vous avez en commun.
Grâce à la technologie d'aujourd'hui, il y a vraiment mille façons d'être ensemble, alors ne laisse pas passer cette occasion.

Chapitre 15:
Amis

Dans ce chapitre, tu apprendras comment entretenir tes relations avec tes amis.

En tant que fille, tout notre monde tourne autour de l'amitié. Pour beaucoup, c'est le type de relation le plus important qui soit. Avoir de bons amis est la base d'une vie satisfaite, heureuse et saine, du moins à ton âge. Et c'est tout à fait logique si l'on considère que les amis sont l'une des premières relations que nous connaissons.

Cependant, bien que les amitiés jouent un rôle si important dans la construction d'une vie satisfaisante, les amitiés négatives peuvent aussi tout anéantir. La pression exercée par des personnes autour de soi et que l'on ne connaît pas bien peut être vraiment effrayante.

Face à ce danger permanent, la capacité à trouver de vrais amis, en qui l'on peut avoir une confiance aveugle, est particulièrement importante.

77 - Mieux vaut peu, mais bien

Un célèbre proverbe dit : mieux vaut peu, mais bien. Et c'est effectivement vrai. À l'école, on a souvent l'impression que les personnes populaires ont des centaines d'amis et que c'est un objectif à atteindre à tout prix. Il est toutefois important de reconnaître que dans ce cas, nous n'avons pas d'amis, mais seulement des connaissances, qui n'ont donc pas la même importance dans notre vie.

Pour une satisfaction durable, il vaut mieux avoir quelques amis que beaucoup de connaissances. Car même avec un petit nombre, les vrais amis sont toujours là quand on a besoin d'eux, on est heureux de les avoir autour de soi et la relation est saine et positive. En revanche, nous nous soucions peu de nos connaissances, souvent nous ne nous sentons même pas à l'aise en leur présence, et nous ne les connaissons sincèrement pas véritablement.

Concentre-toi donc sur les quelques amis avec lesquels tu veux vraiment construire une relation importante. Ce sont les personnes sur lesquelles tu peux compter lorsque tu es en difficulté, qui durent, et qui seront toujours là dans ta vie.

78 - Les introvertis ont aussi besoin d'amis

Si tu es une personne introvertie, il te semble plus difficile que jamais de te faire des amis.

Mais tu en as aussi besoin. La seule différence, c'est que tu peux te contenter de quelques amis en moins et que tu peux définitivement te passer des grands groupes dans lesquels tu sembles presque disparaître. Mais toi aussi, quand tu as des problèmes, tu as besoin de quelqu'un qui te soutienne et te fasse sourire.

La clé pour se faire de bons amis, même si tu es introvertie, est simplement de chercher d'autres introvertis comme toi. Bien sûr, tu peux aussi te lier d'amitié avec des extravertis, mais si cela te pose des problèmes, tu peux simplement trouver quelqu'un qui te ressemble, et qui peut te tenir compagnie d'une manière qui ne te dépasse pas.

79 - Tu es tes amis

Lorsque l'on choisit des amis, il est important de les choisir avec soin. Après tout, tu es vraiment tes amis.

Mais qu'est-ce que cela signifie ?

Que nous sommes tous facilement influencés par les personnes que nous fréquentons habituellement. Si tu es constamment entouré de personnes mauvaises, irresponsables et égoïstes, il est probable que tu deviennes rapidement comme elles. Inversement, si tes amis sont des gens qui s'engagent, sont gentils et prennent les bonnes décisions, tu auras tendance à te comporter comme eux.

Le fait que les personnes avec lesquelles tu t'entoures peuvent changer ta façon d'agir et qui tu es, rend le choix de tes amis encore plus important. Il est essentiel que tu choisisses toujours quelqu'un que tu respectes, que tu admires et avec qui tu veux vraiment passer du temps. En choisissant tes amis de cette manière, ils t'aideront à créer la meilleure version de toi-même et tu pourras les aider à faire de même.

Si tu es sélective, cela signifie bien sûr que tu auras moins de personnes à choisir. Mais ceux qui deviendront finalement tes amis seront aussi les meilleurs possibles. Continue à traiter tout le monde avec respect, même si certaines personnes n'ont pas une bonne influence sur toi. De cette façon, tu peux simplement t'éloigner et rester fidèle à tes valeurs.

80 - Les amis vont et viennent

Une fois de plus, nous devons parler de changement. Oui, car ce concept s'applique aussi aux amitiés, comme à tout le reste.

Les amitiés aussi peuvent changer avec le temps, qu'on le veuille ou non. Il est toujours triste de voir un ami partir, quelles que soient les circonstances, mais on ne peut rien y faire. C'est une partie inévitable de la vie. En fait, des études ont montré que la plupart des amitiés nouées pendant l'enfance ne perdurent pas au-delà de la période scolaire.

Et la raison en est que l'on change, et beaucoup. Au fil des années, deux amis peuvent se rendre compte qu'ils n'ont plus assez de points communs pour rester ensemble. Même s'ils s'aiment toujours et qu'ils ont des souvenirs positifs de cette relation, rien n'est plus comme avant.

Tu ne te rendras peut-être pas compte de ce processus avant de quitter l'école. Si chacun doit suivre son propre chemin, certaines amitiés vont changer de manière permanente. Mais la bonne nouvelle, c'est que tu trouveras d'autres personnes, de nouveaux amis qui auront plus en commun avec la personne que tu es devenue. Et tout ira bien.

81 - Se disputer, c'est normal ...

À l'adolescence, les disputes entre amis sont-elles fréquentes ? Ou s'intensifient-elles selon le degré d'amitié ? Cette période coïncide avec la découverte de ton identité et la question de savoir qui tu veux être, ce qui signifie que, avec tes amis, vous vous disputez peut-être beaucoup plus souvent qu'avant.

Bien sûr, une dispute ne signifie pas la fin d'une amitié : elle ne fait que s'inscrire dans un processus qui rendra la relation encore plus forte. D'un autre côté, il est impossible d'être toujours d'accord sur tout, surtout dans une phase où l'on découvre quelles sont ses valeurs et ce en quoi on croit vraiment. Cela dit, il y a certainement de «bonnes» et de «mauvaises» disputes.

82 - ... le plus important est la solution

Les filles peuvent être vraiment méchantes, c'est certain, mais en règle générale, cette méchanceté peut provenir de différentes raisons. Elle pourrait par exemple être causée par un malentendu, surtout si l'on communique souvent par message et non oralement. Il est en effet très facile de mal interpréter le ton sur lequel quelque chose est dit. La solution dans ce cas est simple : il suffit d'en parler.

Une autre cause fréquente de disputes est une faible estime de soi et, par conséquent, la jalousie. Combien de fois les gens se disputent-ils simplement parce qu'ils sont jaloux de la réussite de l'autre et se sentent inférieurs ? Si c'est effectivement la raison de la dispute, la cause réelle peut être vaste.

Dans ce dernier cas, ou du moins dans le cas d'une dispute qui n'est pas uniquement due à un malentendu, il existe différentes possibilités en fonction de la situation.

Tu peux essayer de laisser de l'espace à ton amie, de la laisser «refroidir» sa colère, puis d'en parler calmement : parfois, on dit des choses que l'on ne pense pas, simplement parce que l'on est submergé par ses émotions, alors laisse passer un peu de temps. Convenez d'un moment précis où vous en parlerez afin de clarifier la situation. Il est préférable que vous en parliez oralement afin d'éviter tout autre malentendu.

À ce stade, la discussion ne peut être réellement utile que si chacune des parties exprime sincèrement ses sentiments et décrit la situation telle qu'elle l'a vécue. Avoir la prétention de connaître les pensées de l'autre n'est jamais une solution. Rappelle-toi toutefois que si la dispute est particulièrement grave ou si ton amie est trop méchante, n'hésite pas à quitter la conversation. Toutes les disputes ne doivent pas forcément être résolues et toutes les relations ne sont pas obligatoirement saines, et il est juste de reconnaître le moment où nous ne faisons que nous blesser mutuellement. Mais nous aborderons ce sujet plus en détail dans le prochain chapitre.

EN BREF

La clé d'une vie satisfaisante est de trouver les bons amis pour soi. Même s'ils sont peu nombreux, il est important qu'il s'agisse de personnes en qui tu peux avoir confiance et qu'elles aient une influence positive sur ta vie et t'incitent à devenir la meilleure version de toi-même.
Les amis que tu auras ne seront peut-être pas les mêmes que ceux que tu as actuellement, mais ce n'est pas grave. Même si tout change avec le temps, y compris les amitiés, cela ne change rien au fait que tu trouveras toujours des personnes qui te soutiendront.

Chapitre 16:
Pression sociale et faux-amis

Dans ce chapitre, tu apprendras comment gérer la pression sociale et les faux-amis.

Nous l'avons déjà dit : la relation avec les jeunes du même âge est déterminante. Il peut s'agir de ton petit ami ou d'un autre garçon de ton âge qui pourrait être un ami potentiel. Dans les deux cas, tu peux te sentir sous pression pour faire quelque chose que tu ne veux pas faire ou avec lequel tu ne te sens pas à l'aise.

Ce que tu ressens s'appelle la pression sociale.

83 - Ne te laisse pas influencer

La pression sociale consiste essentiellement en la pression que les personnes qui t'entourent exercent sur toi et qui te donne le sentiment de devoir faire certaines choses uniquement pour être accepté ou pour faire partie du groupe.

Tu comprendras que ce mécanisme peut aussi être très dangereux, selon ce que le groupe te pousse à faire, et très souvent, il peut te conduire à te sentir coupable ou honteuse de ce que tu fais. Cela peut être représenté par le fait que tu t'habilles d'une certaine manière, que tu laisses les autres agir pour toi, même si tu ne le souhaites pas, que tu manges certains aliments ou que tu ne manges pas du tout, mais aussi que tu fumes ou que tu te drogues, que tu voles ou que tu commets des actes de vandalisme.

En bref, la pression sociale peut en effet être très dangereuse.

Malheureusement, il n'y a pas grand-chose à faire pour l'éviter, à part être très prudent. Il arrive même que tu sois influencé quelqu'un sans t'en rendre compte. La seule façon d'y faire face est d'apprendre à se connaître de mieux en mieux et de comprendre les valeurs fondamentales auxquelles tu ne veux jamais renoncer. Tant que tu t'y tiens, tu sais que tu es sur la bonne voie.

84 - Apprendre à reconnaître les faux-amis

Comme nous l'avons dit dans le chapitre précédent, toutes les amitiés ne sont pas de bonnes amitiés. Nous avons tous eu au moins un ami qui a profité de nous ou qui nous a fait sentir mal à l'aise. Et peut-être même que c'était quelqu'un dont nous étions très proches.

La meilleure façon de reconnaître ce type d'ami est de se poser des questions pour déterminer si ta relation est saine. Voici quelques exemples :

- Est-ce que j'aime vraiment passer du temps avec cette personne ?
- Comment est-ce que je me sens avec cette personne quand nous sommes ensemble ?
- Comment est-ce que je me sens après avoir parlé avec elle ?
- Est-ce que je me sens renforcée par cette amitié ?

- Est-ce que je me sens fatiguée après avoir parlé à cette personne ?

La réponse à ces questions peut vraiment te permettre de savoir si une relation est saine ou non.

N'oublie jamais que la qualité d'une relation ne se mesure pas au nombre de disputes : il y en a chez tout le monde. Les vrais amis sont ceux avec qui tu aimes passer du temps et qui te font te sentir bien.

85 - Être accepté signifie s'accepter

Le respect peut être difficile à comprendre au début.

Dans sa forme la plus simple, il consiste en une forme d'acceptation. Le respect de soi-même consiste à s'accepter tel que l'on est, tandis que le respect des autres consiste à les accepter en tant qu'individus uniques. Si tu veux t'accepter, tu dois te respecter, et il en va de même pour les autres.

Sur le chemin de la connaissance de soi, il est important d'avoir une saine estime de soi. Cela signifie que tu dois apprendre à te respecter tel que tu es, avec tes qualités et tes défauts. Vouloir être quelqu'un d'autre ou chercher à avoir des caractéristiques différentes de celles que tu as, c'est manquer de respect pour toi, et tu ne le mérites pas. Le respect se réfère également à tes valeurs et à ton sens de ce qui est bien ou mal. Cela signifie que tu ne dois pas faire de compromis sur tes convictions et ta moralité. Accepte plutôt ta façon de penser et continue à croire en ce que tu penses être juste.

86 - Tu es importante : respecte-toi pour respecter les autres

Une fois que tu as développé ton estime personnelle, tu ne devrais pas la sacrifier pour quoi que ce soit au monde.

Il est fort probable que tu te retrouves dans une situation où tu te sens obligée de faire quelque chose qui te semble mal. Si tu cèdes et agis contre ton système de valeurs, tu ne te respectes pas toi-même, et tu montres que tes valeurs ne valent pas la peine d'être suivies et acceptées.

Il se peut que tu finisses par avoir honte. Il se peut que tu aies des problèmes ou que tu te retrouves sur une voie qui n'est pas du tout la bonne pour toi. Dans tous les cas, c'est toi, et toi seule, qui dois faire face aux conséquences de tes actes, et non ceux qui t'ont influencés.

N'oublie donc jamais que tes valeurs sont importantes, que ce en quoi tu crois est important, que tu es importante.

De plus, il est impossible de respecter les autres tant que l'on ne se respecte pas soi-même. Ce respect peut ensuite être porté à l'extérieur. Ce n'est qu'alors que nous pourrons avoir des relations saines.

87 - Viser des relations saines

C'est vrai : le secret de relations saines réside dans le respect mutuel. On ne peut pas avoir de relation si l'on n'a pas de respect pour l'autre. C'est grâce à ce sentiment qu'il est possible de construire un réseau de sécurité et de bien-être sur lequel se fondent l'amitié et l'affection.

Le respect doit imprégner chaque type de relation que tu as : avec tes parents, ta famille, tes amis, tes camarades de classe, et même avec de simples connaissances. Cela signifie en premier lieu que tu dois apprendre à accepter les autres tels qu'ils sont, même s'ils sont différents de toi, et en faire un point fixe sur lequel tu construiras chacune de tes relations, en adaptant ton comportement à celui que tu trouveras en face de toi.

88 - Si tu n'es pas satisfaite, va-t'en

Entre-temps, tu as probablement compris quelle est l'étape suivante de notre raisonnement. S'il est si important de respecter les autres, cela vaut-il la peine de sacrifier son estime de soi pour les rencontrer ?

Non, bien sûr que non.

Il est tout aussi important de reconnaître quand il est temps d'abandonner et de se séparer simplement de ceux qui ne nous conviennent pas. Si notre interlocuteur vit selon un modèle de valeurs totalement opposé au nôtre, si son sens de ce qui est bien et de ce qui est mal n'a rien à voir avec nous, il n'y a pas de mal à s'en aller. Il suffit de le faire avec respect.

Permets donc aux autres de prendre les décisions qu'ils estiment justes, sans imposer ton propre point de vue, mais sans non plus faire comme s'il n'existait pas. Les opinions des autres ont la même valeur que les tiennes, et les deux modèles de valeurs ont le droit d'exister en tant que tels, sans s'influencer ni se conditionner mutuellement.

89 - Trouver un nouveau cercle d'amis

Les mauvais amis ne devraient en aucun cas rester dans ta vie. Essaie plutôt de t'entourer de personnes avec lesquelles tu te sens bien et qui te rendent heureuse. Pour cela, il peut même être nécessaire de créer un nouveau groupe d'amis. Si cela te fait peur, ne t'inquiète pas : c'est plus facile que tu ne le penses.

Commence par dresser une liste de toutes les personnes avec lesquelles tu es amie en dehors du groupe et qui ne sont plus bonnes pour toi. Peut-être que la liste est plus longue que ce à quoi tu t'attends et que tes nouveaux amis sont déjà prêts à créer un nouveau groupe. Ne sous-estime personne : ta prochaine meilleure amie pourrait être la fille qui s'entraîne à côté de toi à la salle de sport ou celle avec qui tu attends le bus tous les matins.

Ensuite, va dans des endroits où tu peux rencontrer de nouvelles personnes. Tu peux par exemple t'inscrire à un nouveau sport, suivre des cours pour améliorer l'un de tes hobbies, ou peut-être même choisir des activités plus spécifiques, comme un groupe de lecture. De cette manière, tu rencontreras de nombreux amis potentiels qui partagent les mêmes intérêts que toi, et tu auras déjà un prétexte pour briser la glace.

À ce stade, essaie de passer le plus de temps possible avec ces personnes plutôt que de traîner avec ton ancien groupe. Cela prendra du temps, mais tu seras en mesure de prendre tes distances et de nouer des amitiés plus saines et plus positives. N'abandonne pas !

EN BREF

Le respect est un élément fondamental pour apprendre à connaître les autres et à entrer en relation avec eux. Ce n'est qu'en te respectant toi-même que tu pourras t'accepter et accepter les gens qui t'entourent.
La pression sociale et les faux amis peuvent essayer de te pousser à être quelqu'un d'autre et à faire des choses que tu regretteras certainement. Au lieu de cela, il est important que tu t'accroches à tes valeurs et à ton identité. Ne sacrifie jamais ce point fixe pour quoi que ce soit ou qui que ce soit : ton bonheur et celui de ceux que tu aimes en dépendent. Reste toi-même, même si cela implique de t'éloigner de quelqu'un.

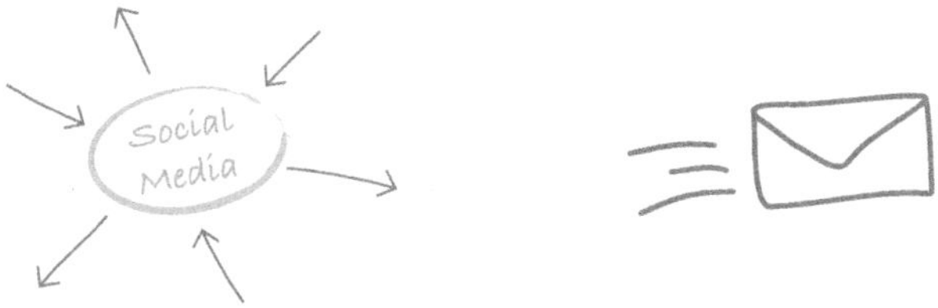

PARTIE 5:

ENCORE QUELQUES SECRETS

Chapitre 17:
Se préparer pour l'avenir

Dans ce chapitre, tu découvriras quelques autres secrets pour te préparer à l'avenir.

Quel que soit l'avenir qui t'attend et ce que tu espères réaliser, rien ne t'empêche de t'y préparer dès maintenant. Cela signifie que tu peux commencer dès maintenant à te préparer pour le monde du travail ou même pour l'université, si tel est ton objectif.

90 - Toi aussi, tu peux gagner de l'argent

Il est normal de ressentir dès le plus jeune âge le besoin de gagner de l'argent pour avoir plus de liberté, par exemple pour sortir avec des amis et s'adonner à ses hobbies. Tu peux y parvenir en trouvant un petit job qui occupe ton temps libre et qui te permet de gagner un peu d'argent. La partie difficile est bien sûr de trouver le job parfait. Tu dois trouver un travail qui ne t'occupe que le week-end et le soir, puisque tu ne peux de toute façon pas quitter l'école. Réfléchis donc aux métiers qui pourraient convenir. Un exemple pourrait être serveuse, mais tu peux aussi donner des cours particuliers dans les matières où tu es la plus douée, ou faire du baby-sitting.

Pendant l'année scolaire, tu ne peux te permettre que des emplois à temps partiel, c'est-à-dire que tu n'utilises qu'un nombre limité d'heures par semaine. Si tu le souhaites, tu peux toutefois augmenter ton temps de travail en été. Il existe en effet de nombreux emplois saisonniers qui profitent des vacances, par exemple dans certains parcs d'attractions.

Les avantages d'un emploi saisonnier sont nombreux. D'une part, tu n'as pas besoin de travailler pendant que tu es à l'école, d'autre part, tu peux te concentrer entièrement sur tes études, sans autres distractions. Tu peux donc aussi envisager cette possibilité.

91 - Suis tes passions

Certes, au début, l'enthousiasme d'avoir trouvé un nouvel emploi pourrait te pousser à accepter toutes les opportunités qui se présentent. Mais attends un peu. Sur ce chemin, n'oublie jamais de chercher un métier qui te plaît. Ce n'est qu'ainsi que tu pourras profiter de chaque jour sans que cela te pèse particulièrement. Par exemple, si tu aimes les sucreries, demande à une boulangerie près de chez toi si elle a besoin d'une intérimaire.

Si tu aimes beaucoup le café, pose ta candidature dans un café. Et ainsi de suite.

Cependant, indépendamment de tes intérêts, tu devrais toujours choisir un métier qui pourrait te plaire.

92 - Faire les premiers pas

Si tu veux à tout prix chercher un emploi, voici les premières étapes pour y parvenir :

- Rédige un curriculum vitae. C'est un document qui contient toutes tes expériences et compétences. Il doit également contenir ton nom et tes coordonnées. Demande à tes parents de te conseiller sur la manière de rédiger le CV parfait.
- Demande à ta famille et à tes amis s'ils connaissent quelqu'un qui cherche de l'aide. Le bouche à oreille peut vraiment être un bon allié.
- Recherche un emploi en ligne. Il existe de nombreuses plateformes dédiées à cet effet.

Et n'oublie pas de travailler dur et de t'amuser encore plus !

93 - Utilise tes talents sans quitter la maison

En parlant de travail en ligne : de nos jours, il existe en effet de nombreuses plateformes sur lesquelles tu peux gagner de l'argent en utilisant simplement tes talents ou tes compétences. Si tu es particulièrement douée pour quelque chose, pourquoi ne pas essayer de gagner un peu plus d'argent ?

Il existe de nombreux sites web qui te permettent de le faire, et chacun fonctionne à sa manière. D'une part, il y a les sites sur lesquels tu proposes un service et où tu peux être contacté par d'éventuels «clients» qui te rémunèrent pour une certaine commission. C'est par exemple le cas de sites comme Fiverr ou Freelancer.com. Sur ces plates-formes, tu peux toutefois rencontrer quelques difficultés en raison de ton âge. Il peut cependant être utile de te familiariser avec ces plates-formes, car elles te seront utiles à l'avenir si tu souhaites les utiliser en tant que freelance ou client.

Il est toutefois plus simple d'utiliser des sites qui proposent une rémunération beaucoup plus immédiate, c'est-à-dire pour un travail donné. Il peut s'agir par exemple d'un texte écrit : des plateformes comme Publisuites proposent une rémunération pour chaque article ou contribution écrite. D'autres sites, comme Shutterstock, te proposent de vendre tes photos si c'est ta passion.

Si tu aimes le monde des réseaux sociaux, tu peux aussi essayer de cette manière. Admets-le : tu as toi aussi un Youtubeur ou un Tiktoker préféré. Aussi long et sinueux que soit le chemin pour faire des réseaux sociaux son métier, il n'y a pas de meilleur moment que maintenant pour s'orienter dans ce monde. Choisis un sujet qui te passionne vraiment et partage-le avec tes followers. Qui sait ? Peut-être seras-tu même la prochaine influenceuse à succès.

En bref, quelle que soit la voie que tu choisis, n'oublie jamais que l'important est de suivre tes passions, de t'engager, et surtout de t'amuser. Et si en plus tu apprends quelque chose de nouveau ou si tu gagnes un peu d'argent, c'est encore mieux !

94 - Préparation aux études

En revanche, si tu penses déjà à l'université, il est bon de se concentrer uniquement sur ce point pour le moment.

Le choix n'est évidemment pas facile. Le fait que tu fréquentes ou non une université et le type d'université que tu choisis peuvent vraiment porter ses fruits pour ta vie future. Il n'est donc jamais trop tard pour commencer à se préparer.

Dès l'école secondaire, le plus important est d'apprendre à être la meilleure élève que possible, de toujours étudier et de travailler dur. Tu peux commencer dès maintenant à te renseigner sur les différents métiers que tu souhaites exercer à l'avenir et sur le cursus qui te permettra d'y accéder. Si tu as une passion, c'est le moment de découvrir comment tu peux l'utiliser dans le monde du travail pour construire la carrière de tes rêves.

Parle aussi à ta famille et à tes amis, mais surtout à tes professeurs, pour obtenir de nombreux conseils utiles. Ils peuvent non seulement t'aider à déterminer quelles sont les universités qui te conviennent le mieux, mais aussi te suggérer les points sur lesquels tu devrais maintenant te concentrer pour atteindre ton objectif.

Une autre idée que tu peux mettre en pratique est de parler à un certain nombre d'adultes qui font partie de ta vie et de leur demander ce qu'ils aiment et ce qu'ils détestent dans leur travail, le type d'études qu'ils ont suivies pour obtenir cette profession, et ainsi de suite.

En bref, profite de ces années pour recueillir le plus d'informations possibles.

95 - Essaie de faire du bénévolat

Une bonne idée pour s'engager dans l'avenir est de passer du temps à faire du bénévolat.

De cette manière, tu ne fais pas seulement une bonne action et tu aides les personnes dans le besoin, mais tu découvres également les différents domaines dans lesquels tu pourrais travailler. Par exemple, si tu proposes d'aider des enfants après l'école, tu peux découvrir si tu aimes le métier d'enseignant, ou du moins, une activité en rapport avec ce groupe d'âge. En bref, tu peux faire des essais dans ce domaine.

De plus, le bénévolat te donnera certainement la bonne motivation pour devenir une meilleure personne : qu'y a-t-il de plus beau que d'aider les autres ?

EN BREF

Quel que soit l'avenir qui t'attend, tu peux commencer à le réaliser dès maintenant. Que ton objectif soit de gagner un peu d'argent ou de te préparer à faire des études, ce n'est qu'en t'engageant et en travaillant dur que tu réussiras. Commence maintenant !

Chapitre 18:
Les réseaux sociaux

Dans ce chapitre, tu découvriras quelques secrets supplémentaires sur l'utilisation des réseaux sociaux.

De nos jours, toutes les filles passent beaucoup de temps sur leur téléphone portable, notamment grâce à l'utilisation des fameux réseaux sociaux. Peu importe que tu regardes des vidéos, likes des images ou crées toi-même du contenu : l'écran t'attire de plus en plus.

Bien que de nos jours, pratiquement tout le monde soit sur un site de réseaux sociaux quelconque et que la plupart des gens pratiquent cette activité pendant leur temps libre, il s'agit en réalité de quelque chose de très risqué.

Mais comment ? Si tout le monde l'utilise, comment peuvent-ils faire autant de dégâts ?

96 - Les réseaux sociaux peuvent être dangereux ...

Le premier danger des réseaux sociaux est qu'ils nous éloignent de la réalité.

Que tu sois scotché sur ton écran comme tout le monde ou que tu aies peur de rater quelque chose, tu scrutes toujours ton fil d'actualité, à la recherche d'une autre vidéo, d'une autre photo. Et bien sûr, ce sont les réseaux sociaux eux-mêmes qui te demandent de le faire, avec des algorithmes qui te poussent à scroller toujours plus fréquemment. Et cela t'empêche de t'en éloigner.

Le deuxième obstacle est le fait que Photoshop existe. Tout comme les milliers d'applications qui permettent aujourd'hui de modifier son apparence sans que personne ne le sache. Et cela arrive tous les jours : des milliers d'influenceurs se perfectionnent en permanence. Il est important de se rappeler que personne n'est parfait, et surtout que personne n'est toujours parfait. Toutes les personnes qui paraissent presque impeccables à l'écran sont en réalité couvertes de filtres

Même si ces images sont bien sûr totalement fausses, cela ne signifie pas qu'elles ne nous semblent pas vraies. Et cela se répercute sur notre image corporelle, qui s'en trouve complètement détruite. Nous comparons tous immédiatement notre corps à celui de l'influenceur de choix et sommes tristes de ne pas être aussi parfaits. Les réseaux sociaux nous obligent donc à avoir des attentes totalement irréalistes vis-à-vis de notre corps.

Un autre problème lié à l'utilisation des réseaux sociaux est le cyberharcèlement, c'est-à-dire le harcèlement en ligne. Bien sûr, le harcèlement existait déjà bien avant l'invention des réseaux sociaux, mais ce média lui a donné plus de possibilités de faire des dégâts. En effet, derrière un écran, les gens peuvent être bien plus méchants, car personne ne les connaît ni ne les reconnaît.

Tous ces risques font que l'on se sent moins heureux après avoir utilisé les réseaux sociaux que l'on pourrait l'être autrement.

Alors, comment peut-on changer cela ? Faut-il supprimer purement et simplement les réseaux sociaux ?

97 - ... apprendre à les utiliser correctement

Il est presque impossible d'éliminer complètement les réseaux sociaux. Ils sont devenus une partie intégrante de notre vie et de notre société. De plus, ils peuvent s'avérer utiles à plus d'une occasion, en reliant les gens entre eux, même à distance, et en contribuant à divertir et à informer des millions de personnes à travers le monde. Ils sont également un excellent moyen de se faire de nouveaux amis, de s'exprimer librement, et de ne pas se sentir seul.

La solution pour bien utiliser les réseaux sociaux consiste donc uniquement à suivre quelques conseils utiles pour maîtriser les risques tout en profitant des avantages. Voici quelques conseils utiles :

- Créez des limites que les autres ne peuvent pas franchir et respecte les limites des autres.
- Choisis soigneusement les paramètres relatifs à la vie privée.
- Signale tout harcèlement moral dès que tu en as connaissance.
- Essaie de limiter le temps que tu passes devant l'écran.
- Fais toujours attention au langage que tu utilises et au ton que tu utilises pour parler en ligne : n'insulte pas les gens et ne viole pas leur vie privée.

- Ne fais jamais confiance à des étrangers.

Voici quelques conseils qui peuvent t'aider. Cependant, n'oublie pas que les réseaux sociaux fonctionnent de la même manière que la vie réelle. Ne fais pas ou ne dis pas quelque chose que tu ne ferais pas, ou ne dirais pas, si tu étais présent dans une situation donnée. Avec un peu d'attention, tu as entre les mains un outil très puissant qui peut t'offrir de nombreuses possibilités de croissance.

EN BREF

Les médias sociaux font partie intégrante de notre vie quotidienne. Même si on ne peut pas avoir tendance à les éliminer totalement, il est bon de suivre quelques règles de base pour s'assurer de ne pas prendre de risques inutiles.
Cependant, n'oublie pas que la vie réelle est très différente de la vie sociale, et c'est sur cela que tu dois te concentrer pour devenir une personne épanouie et atteindre tous tes objectifs.

Chapitre 19: Body Shaming : le harcèlement de la beauté

Dans ce chapitre, tu apprendras à toujours t'aimer toi-même, indépendamment de ce que la société te dit.

La relation des filles avec leur corps a toujours été très complexe et dépend de toute une série de facteurs, dont beaucoup sont de nature sociale. Malheureusement, cette situation s'est fortement dégradée au cours des dernières décennies, principalement en raison des modèles de beauté de plus en plus inaccessibles.

Mais pourquoi l'esthétique, et en particulier l'esthétique féminine, est-elle si importante ?

98 - Ne crois pas au mensonge de la beauté absolue

Aujourd'hui, le mythe de la beauté absolue s'est imposé dans la société, c'est-à-dire l'idée qu'il existe une «beauté» qui est considérée comme telle par tous. Non seulement cela, mais cette valeur est d'une importance si fondamentale que le «contenant» est plus important que le contenu.

Ainsi, le contexte dans lequel nous vivons exige de chacun qu'il donne la meilleure image possible de lui-même, qu'il la montre dans les réseaux sociaux et qu'il s'en vante. Pour les femmes, c'est encore plus important, car une grande partie de leur valeur réside, de l'avis général, dans la beauté traditionnelle qu'elles affichent.

Cette beauté traditionnelle se concentre sur deux concepts clés : minceur et courbes.

99 - Le body shaming est sur toutes les lèvres

Le fait qu'il existe une beauté absolue implique évidemment qu'il y a toute une série de personnes qui ne correspondent pas à ces normes. Et c'est là que le body shaming entre en jeu.

Le body shaming est une forme de harcèlement verbal par laquelle des personnes se moquent de l'apparence physique d'autres personnes. Si ce phénomène a toujours existé, il s'est surtout aggravé avec les réseaux sociaux, où tout le monde peut dire n'importe quoi. Il s'agit d'un phénomène très répandu qui touche aussi bien les hommes que les femmes. Toutefois, le problème est beaucoup plus grave pour les femmes (près de la moitié d'entre elles souffrent de ce comportement) et surtout pour les filles : presque toutes les adolescentes sont victimes de moqueries en raison de leur apparence.

Les risques du body shaming sont multiples. La honte corporelle, l'anxiété et le manque d'estime de soi peuvent conduire à des comportements dangereux tels que les troubles alimentaires, la pratique excessive d'un sport, la dépression ou l'isolement total. En bref, il s'agit d'un phénomène qui ne doit en aucun cas être sous-estimé.

Mais comment lutter contre le body shaming ?

100 - Sois fière de ton corps

Pour lutter contre le body shaming, il faut d'abord apprendre à le connaître. En outre, de nombreuses petites mesures peuvent aider :

- Essaie autant que possible d'ignorer les jugements que tu reçois via les réseaux sociaux.
- Adopte toujours un style de vie basé sur ta santé et non sur ton apparence.
- Concentre-toi sur ton caractère et tes atouts intellectuels.
- N'hésite pas à parler de ce que tu ressens en lien avec ton apparence.

Mais surtout, tu devrais toujours être fière de ton corps. Comme nous l'avons déjà dit, il est unique, et il est spécial. Il n'y a aucune raison pour que le jugement des autres sur toi soit plus important que ton propre jugement sur toi-même. C'est la seule chose qui compte.

Et enfin, une dernière proposition très importante.

101 - Reste toujours toi-même

C'est vrai, reste toujours toi-même.

Nous t'avons souvent montré dans ce livre à quel point les gens peuvent être méchants. Ils peuvent te juger, t'insulter, te forcer à faire quelque chose que tu ne veux pas faire, et tout cela pour leur propre bénéfice.

Mais ne te laisse pas conditionner. Découvre qui tu es et quelles sont tes valeurs, et maintiens-les de toutes tes forces. Entoure-toi de personnes qui t'aiment pour ce que tu es et qui ne te poussent pas à vouloir être autre chose. Car ce que tu es est déjà bien suffisante, et c'est important : ne l'oublie pas.

EN BREF

Malheureusement, beaucoup considèrent aujourd'hui le corps de la femme comme un objet sur lequel elles ont toujours leur mot à dire. Cette attitude peut être très dangereuse et il est important de la reconnaître rapidement afin de pouvoir la combattre.

Heureusement, grâce à l'amour que tu éprouves pour toi-même et pour les personnes que tu aimes, tu pourras toujours te rappeler à quel point tu es spécial et ne pas te laisser influencer par ceux qui ne veulent que te nuire.

CONCLUSION

Devenir adulte n'est pas toujours la chose la plus facile au monde, surtout pour une fille. Même si l'on est prête à prendre le monde en main et à travailler pour atteindre ses objectifs, cela demande parfois un petit effort supplémentaire.

Néanmoins, c'est une période merveilleuse, pleine d'expériences fantastiques qui ne se reproduiront jamais. Essaie d'en faire le mieux et d'en profiter du début à la fin.

Commence par apprendre à te connaître. Souviens-toi toujours que rien n'est mal fait en toi et que tu dois simplement trouver tes valeurs et toujours les suivre, sans perdre le respect pour toi-même et traiter les autres en conséquence.

Une fois que tu as découvert qui tu es, tu dois te concentrer sur ton bien-être mental, physique et spirituel. Tous ces aspects sont fondamentaux pour prendre soin de toi.

L'école peut également être un terrain d'entraînement important à cet égard. Tu peux y apprendre tout ce qu'il y a à savoir sur la vie, le travail et ton avenir. Ne sous-estime pas les enseignements que tu recevras au cours de ces années, car ils sont vraiment décisifs.

Enfin, pense à toujours passer beaucoup de temps avec les personnes que tu aimes, qu'il s'agisse de membres de ta famille ou d'amis. Même si ces relations ne sont souvent pas faciles à gérer, elles te donneront beaucoup de satisfaction et te conduiront toujours vers une vie plus heureuse.

Et surtout, n'oublie jamais que tu es spéciale et importante, peu importe à quel point le monde autour de toi te donne tort. Reste toi-même et continue à poursuivre tes rêves.

Nous espérons que ce livre t'a aidé. Bien sûr, c'est toujours un chemin compliqué qui demande de l'engagement et du temps. Mais nous sommes convaincus que tu atteindras tous tes objectifs si tu y travailles et si tu te rappelles les conseils que nous t'avons donnés.

Sois confiante : tu as déjà fait un pas vers la femme que tu veux devenir.

Bonne chance !

Printed in France by Amazon
Brétigny-sur-Orge, FR

15424592R00097